# 中山先生与椰榔嶼

蘇慶華／著

# 序

　　「中華民國中山學術文化基金會」（以下簡稱本會）係於中華民國五十四年十一月十二日，即　國父孫中山先生百年誕辰之日成立。五十年來，歷任董事長、副董事長、董事、委員暨工作同仁莫不黽勉辛勞，兢業向公，因此學術及文化界人士對本會多予以肯定支持。水德自民國一百零一年承董事會一致推選擔任董事長以來，踵步前賢，責無旁貸，然仍懼汲深綆短，惟盼諸先進、友好持續不吝指教，使本會能與時俱進，永恆常新。

　　依據本會《組織及捐助章程》第四條之規定：「本會以獎助及發揚有關　國父思想之學術及文化事業為宗旨」。其業務推進方針則可分為兩方面：一為獎助，一為出版；前提則以研究並闡揚中山先生思想學說暨中國歷史文化為範圍。其中「中山叢書」為邀請國內外史學界名家撰寫之學術專著，水準甚高，各方風評至佳。此一計劃之執行，始終參與其事不辭勞苦而力助其成者，為本會董事兼秘書長陳志先先生，功不可沒。

　　「叢書」自民國八十三年（1994）開始編印，迄今已出版二十種，共二十四冊。以內容論，可區分為兩類：一為中山先生思想學說學理與實踐情況之詮釋，含下列各書：

《中山思想與台灣經驗》（上下兩冊）

《中山思想答問》

《中山思想要義》

《中山先生行誼》（上中下三冊）

《中山先生研究書目》

《中山先生嘉言錄》

《中山先生平均地權思想在台灣實踐之檢討》

《中山先生民族主義正解》

《中山先生民權主義正解》

《中山先生民生主義正解》

《中山先生建國宏規與實踐》

　　另一類為中山先生與世界主要國家(地區)關係及外籍友好之介紹，係一新研究領域，包括下開諸書：

《中山先生與莫斯科》

《中山先生與日本》

《中山先生與德國》

《中山先生與法國》

《中山先生與美國》

《中山先生與英國》

《中山先生的世界觀》

《中山先生與國際人士》（上下兩冊）

《中山先生與港澳》

《中山先生與檳榔嶼》

本會於民國一百零一年完成《中山先生與港澳》一書之後，隨即擬定繼行計劃，預訂於民國一百零四年出版《中山先生與檳榔嶼》，民國一百零五年出版《中山先生與新加坡》二部專著。並咸認此兩書之作者應在僑居地區中遴選史學名家執筆為妥，盼能對 國父中山先生當年在海外華僑地區致力國民革命之情形進行深入研究並取得定量成果。然因歷史諸事件發生時間泰半在百年以上，原始資料極難蒐集，本會雖於距今四年前即已著手開展相關工作，仍深恐若屆時無法順利完成，將有負各界期待。

　　所幸嗣後有賴中研院近史所前所長及華僑協會理事長陳三井教授居中促成，馬來亞大學蘇慶華博士戮力撰述，方使《中山先生與檳榔嶼》一書能於中山先生一百五十週年誕辰暨本會成立五十週年紀念前夕如期完成，極具意義，本會對兩位學者敬致由衷感謝。

　　水德就職迄今，深感目前本會財力雖仍不足，然此一「中山叢書」之編刊計劃，必當繼續推動；來日財務狀況如若好轉，自應將出版業務更加發揚光大。於本書即將付梓之際，謹布數言，願與學術界友好暨基金會同仁共勉焉。

許水德

中華民國104年9月

# 自序

誠如林家有教授所言:「講辛亥革命,離不開講孫中山。」孫中山作為近代中國傑出民主革命的先驅、中國辛亥革命的領袖,對中國社會百年變遷起了重大的作用。不同於中國歷史上以往的所有革命運動,孫中山所領導的辛亥革命不僅推翻了封建的帝制統治,還建立了一個沒有皇帝專制的資產階級民主政體——共和國。辛亥革命的意義,在於它結束了中國一個舊的時代,開闢了一個新的時代。[1]

章開沅教授甚至認為:「辛亥革命的影響已經超越了時間與空間的限制。所謂超越時間的限制,那就是說,一百年,幾百年,都會感到辛亥革命的意義是非常重大的。所謂超越空間的限制,就是指辛亥革命的意義和影響已經超越了國界。我們有一個深切的感覺,辛亥革命已經是一個國際的顯學了。」[2]

隨著時間之推移,中外學者已出版有關孫中山與辛亥革命的著述,在種類和數量上不可謂不多。但專注於探討孫中山、辛亥革命與南洋華僑課題的著作,除了上世紀七八十年代

---

[1] 林家有著《辛亥革命與百年中國的社會變遷·緒論》,廣州市:廣東人民出版社,2013年,頁1。

[2] 章開沅著《演講訪談錄》,華中師範大學出版社,2009年,頁219-220。

出版的顏清湟著《星、馬華人與辛亥革命》[3]和黃建淳著《新加坡華僑會黨對辛亥革命影響之研究》[4]專書兩種外，單篇論文涉及此課題的、或零星散見於歷年各報章和學刊上。

　　本世紀初以來，出版的相關著作於數量上有所增加，其中包括張少寬著《孫中山與庇能會議：策動廣州三、二九之役》[5]，邱思妮著、陳耀宗譯的《孫中山在檳榔嶼》[6]，黃賢強、陳丁輝、潘宣輝主編《孫中山和革命志士：歷史、記憶與反思》暨《孫中山和革命志士：理想、實踐與新世紀展望》二冊[7]，以及劉釗伊編著的《孫中山在馬、新》[8]等數種。上述前後期出版的著作，在資料和參考方面，為作者撰寫本書時提供了不少方便。新加坡國大中文系歷史學者黃賢強教授先後發表的《孫中山在檳城的革命團體及其互動模式》、《同德書報社與孫中山精神在新加坡的傳承》諸鴻文[9]，尤對作者本書的寫

---

3　英文版原著 The Overseas Chinese and The 1911 Revolution: With Special Reference to Singapore and Malaya by Yen Ching Hwang. Kuala Lumpur: Oxford University Press, 1976. 李恩涵中譯本，則於1982年由台北市聯經出版事業公司出版。

4　該書被納入「新加坡南洋學會叢書第三十種」，1988年由新加坡南洋學會出版。

5　此書分上下篇，上篇收入作者於報章副刊《專欄》所發表的相關課題論述文章三十篇；下篇則為作者所收集到的新馬兩地對美國革命事業的史料專輯。該書於2004年由檳城：南洋田野研究室出版。

6　這本小巧精緻的歷史圖文冊，乃於2010年由檳城：Areca Books 出版。

7　該套書乃研討會論文集，於2012年由晚晴園（孫中山南洋紀念館）與新加坡國立大學中文系聯合出版。該論文集裡頭輯入數篇與新馬辛亥革命相關的論文。

8　此書輯入了《光華日報》為配合辛亥革命100週年慶典而推出的、由記者劉釗伊走訪和查閱相關資料撰寫後連載於報上，題為《孫中山與馬新同志》的系列專題報導圖文，經修潤結集於2013年交由光華日報正式出版成冊。

9　這兩篇論文，經輯入黃賢強著《跨域史學：近代中國與南洋華人研究的新視野》

作參考甚有助益。此外，李恩涵撰〈南洋方面研究孫中山先生的史料與史學〉[10]及李金生撰〈同盟會、孫中山與東南亞華人（1906-1912）：研究資料選目〉[11]，亦起了重要的參考和牽引作用。

2013年，通過鐘靈校友陳是呈同學的介紹，並經前中央研究院近代史研究所所長陳三井教授的推薦，慶華受中華民國中山學術文化基金會之委託，撰寫題為「中山先生與檳榔嶼」一書，並將列入「中山學術文化基金會叢書」當中。應允承擔撰寫此書之後，發覺到特別是有關中山先生在檳榔嶼可依據的翔實史蹟和資料並不很多；就目前已先後發表或出版之研究成果而言，即令經有心人勠力結合，將既存文獻和口述歷史、傳說綴輯成章（冊），卻往往又因書中章節之內容零散，或採信相關史蹟、年份之出入，而難免產生某些這樣或那樣的困惑。

需要指出的是，作者並非中國近、現代史學科班出身。自承擔撰寫本書任務以來，一則為補拙不惜花費不少金錢和時間進一步收集和閱讀近年來國內外學者發表和出版的許多論著，從中借鑒、摘引或匯集相關點滴資料，對相關史實進行貫通式的對比考察，試圖用整體的眼光探究辛亥時期中山先生與

---

一書中，廈門：廈門大學出版社，2008年，頁182-219。

[10] 李恩涵文收入顏清湟著、李恩涵中譯《星、馬華人與辛亥革命·附錄八》，台北市：聯經出版事業公司，1982年，頁442-45。【華按：原文刊《研究中山先生的史料與史學》，台北市：中華民國史料研究中心編，民國六十四年（1975），頁291-305。】

[11] 李金生文見廖建裕主編《再讀同盟會、孫中山與東南亞華人》，新加坡：華裔館，2006年，頁223-248。

檳榔嶼的歷史。[12]如今撰寫任務完成，呈諸方家、讀者面前。書中失當之處，尚祈有以教政。

就本書體例而言，除了序言和小結，全書共分篇幅長短不一之十二個章節，分別敘述中山先生與檳榔嶼方方面面的點滴史實，及孫中山所領導的辛亥革命於新、馬華人政治史上之歷史意義。書後附錄選輯了19名與檳榔嶼華人社會與歷史相關之孫中山先生和辛亥革命運動忠實擁護者之生平傳略及若干珍貴文獻，藉以補充本書行文中敘述之不足。結合此二部分之文字貫通讀之，或對拙著中的人、事與物有較具體的認識和體會。是為序。

---

[12] 參閱桑兵〈辛亥革命研究的整體性〉，麥勁生、李金強編著《共和維新：辛亥革命百年紀念論文集》，九龍：香港城市大學出版社，2013年，頁3。

# 目次

序／許水德   003

自序   007

## 第一章   孫中山與辛亥革命   015

    一、青年革命家   015
    二、孫中山的世界足跡   019

## 第二章   檳榔嶼史略   025

    一、檳榔嶼被提昇為省及其建制進程   027
    二、英國海峽殖民地「三州府」
       演進史略   029

## 第三章   辛亥革命前新加坡、
          馬來亞的華僑社會略述   031

    星、馬華僑與秘密會黨   034

第四章　革命派於1906年前
　　　　在海峽殖民地的活動略述　037

孫中山抵達馬宣傳前的當地革命團體
和組織　039

第五章　孫中山對南洋間接
　　　　與直接影響　045

清廷眼中的康、梁與孫中山　055

第六章　檳榔嶼（檳城）華僑
　　　　與孫中山　059

第七章　檳城同盟會分會、閱書報社
　　　　和光華日報社三大革命團體
　　　　的關係　067

一、同盟會檳城分會　067
二、檳城閱書報社　070
三、創辦光華日報社　074

第八章　孫中山與檳榔嶼同盟會
　　　　南洋總機關部　　　　　　　　　　083

　　一、遷移同盟會南洋總機關部之始由　　083

　　二、選擇檳城作為同盟會南洋支部
　　　　新基地的主要考量　　　　　　　　086


第九章　革命派於星、馬展開的
　　　　宣傳活動　　　　　　　　　　　　089

　　一、革命化劇團與戲劇表演　　　　　　089

　　二、公開演講與群眾集會　　　　　　　091


第十章　維新派與革命派之
　　　　首要競爭陣地
　　　　──學校與其他社會機構　　　　　095


第十一章　辛亥革命前、後同盟會
　　　　　（及國民黨）於星、馬的
　　　　　革命運動　　　　　　　　　　　099

第十二章　辛亥革命在新、馬華人

　　　　　政治史上的歷史意義　　　　　105


小結　　　　　　　　　　　　　　　　　107

後記　　　　　　　　　　　　　　　　　111

附錄一　中山先生革命事業忠實擁護者

　　　　傳略選錄（馬來亞部分）　　　　123

附錄二　同盟會時代南洋英荷各屬黨人題名錄　155

附錄三　孫中山於檳城的演說辭　　　　　161

附錄四　汪精衛在檳榔嶼的兩次演說辭　　169

附錄五　慷慨資助革命事業的革命先烈與其商號　173

附錄六　丘樹宏主創《孫中山（組歌）

　　　　——獻給偉大的辛亥革命100週年》歌詞全文　177

參考資料　　　　　　　　　　　　　　189

# 第一章　孫中山與辛亥革命

## 一、青年革命家

　　孫中山[1]，乳名帝象[2]，本名孫文，字逸仙[3]，1866年誕生於廣東省香山縣翠亨村的一個農民家庭。9歲時入讀鄉間的私

---

[1] 1896年在日本避難時，日本友人為孫中山登記旅館，當時剛好在日本中山侯爵府邸附近，孫文隨口就說「中山」，然後在中山後面加了一個樵字改為「中山樵」。孫中山稱：我為中國一山樵。後在各種信件中也署名「中山」，國人遂以中山先生稱他。另，中山本為日姓Nakayama，卻成為了孫的化名，其中有一段逸事：民國後，學者章士釗在編譯介紹孫中山革命事蹟《三十三年之夢》一書時，因一時筆誤，將孫先生的姓與假名「中山樵」的前兩個字連綴成文，寫成了「孫中山」。後來該書出版發行後，「孫中山」這個名字也隨著廣為傳播。久而久之，竟成了孫先生的常用名。【參引自唐元鵬著《孫中山》，廣州：廣東教育出版社，2010年，頁53-54。】

[2] 因孫母信奉關帝，為其取乳名「帝象」，祈求獲得神明保佑健康成長。孫於1884年4月15日入讀中央書院（The Government Central School, 今皇仁書院）時，即以「帝象」之名註冊。【參引自參引自彭淑敏撰〈孫中山：中國近代民主革命的先行者〉，蔡思行、彭淑敏、區志堅編著《辛亥人物群像》，香港：中華書局，2011年，頁102-103。】

[3] 孫逸仙是孫文在國際上通用的名字，源於孫中山在香港求學期間。18歲時他在香港受教會洗禮時署名日新（乃自取「日新又新」之義），業師區鳳墀據粵音「日新」為改號曰「逸仙」（Yat-sen）。【參引自唐元鵬著前揭書，2010年，頁55。】又，據李金強，區鳳墀（1847-1914）乃廣州倫敦傳道會（London Missionary Society）之傳道。【參閱李金強著《中山先生與港澳》，台北市：秀威資訊科技股份有限公司，2012年，頁69。】

塾。1879年，孫中山隨母楊太夫人前往夏威夷探望其胞兄孫眉，初次接觸到西方社會和文化，曾在當地入讀教會開設的意奧蘭尼書院和奧阿厚書院。1883年回翠亨村後，年僅17歲他為破除迷信而拆毀北極殿的神像，因觸怒鄉人而被迫離鄉來港，先後就讀於拔萃書室（今拔萃男書院）及中央書院（今皇仁書院），期間更在香港受洗為基督徒。1886年夏，孫先生曾離港到廣州的博濟醫院習醫。翌年，得悉以香港雅麗氏利濟醫院為教學與實習場地的香港西醫書院成立，乃重返香港繼續學業，並於1892年以第一名成績畢業。畢業後，他在廣州與澳門行醫。

1894年6月孫先生到天津上書直隸總督兼北洋大臣李鴻章，提出裕民強國的「人盡其才、地盡其利、物盡其用、貨暢其流」四大主張，未被採納，乃轉而致力以武裝推翻滿清統治。[4]他於同年11月（光緒二十年十月）在檀香山（Honolulu，今夏威夷）創立興中會。翌年2月，在香港建立興中會總部。隨即在廣州發動了第一次起義，事敗後被清廷重金懸賞緝捕。於是他走避香港，乘船前往日本神戶。在那裡，他剪掉辮子，蓄起鬍鬚，穿上西服，從此與舊世界決裂。改變形象穿著，是他作為國際革命家所邁出的第一步。[5]

1896年，孫中山在倫敦遭清政府駐英使館人員挾持囚禁，

---

[4] 參引自《孫中山與香港──孫中山紀念館展覽圖錄》2013年增版，香港歷史博物館編制，頁10。

[5] 參引自邱思妮著、陳耀宗譯《孫中山在檳榔嶼》，檳城：Areca Books，2010年，頁12-13。

幸蒙恩師康德黎博士（Dr. James Cantlie）[6]多方營救，方才成功脫險。過後，他應劍橋大學教授之請撰文記述這段驚險經歷，並以《倫敦蒙難記》（*Kidnapped in London*）於1897年1月21日在英國出版。此書一出，孫中山更為人所知。[7]日人平山周與宮崎寅藏[8]均於讀此書後大受感動，不但成為孫中山的密友，宮崎更成為日本協助中國革命的重要關鍵人物。

---

[6] 康德黎（1851-1926）是孫中山在香港西醫書院（The College of Medicine for Chinese, Hong Kong）學習時的師長，與孫情誼深厚。1896年2月8日，康德黎經檀香山，回到英國，出任倫敦市議會顧問醫生，孫中山在同年9月30日到達倫敦，於10月1日重遇康德黎。可是孫中山在海外的行踪一直為清廷監視，在10月11日更被駐英使館設計誘捕，拘禁在清使館的密室內，並由使館秘密通知總理各國事務衙門，計劃僱用輪船把孫中山押運回國。孫此時苦無對策，在偶然機會下，得到中國公使館內地英僕同情，仗義相助把密函送交康德黎。康德黎在10月17日獲悉孫被清廷秘密誘捕消息後，立即與妻子四處奔走，設法營救孫中山；最終由英國首相向清使館提出交涉。10月23日，迫於外交與輿論壓力，清政府終於釋放了被秘密囚禁達12天之久的孫中山。【參引自唐元鵬著前揭書，2010年，頁24-27。】

[7] 誠如王賡武指出：當1897年孫中山看到，在中國之外他不（再）僅僅是（過去的）叛逆者而是革命者時，其欣喜之情溢於言表。因為他得到了世界的承認和尊重，這一新形象將他的（革命）行為提高到一個新的高度。他從未停止不前，「革命」一詞（更）伴隨其終身。直到今天，無論是在中國大陸、香港、台灣還是在海外華人中間，當人們提起他時，仍將他視為革命的代名詞。參引自王賡武〈中國革命與海外華人〉，劉宏、黃堅立主編《海外華人研究的大視野與新方向：王賡武教授論文選》，新加坡：八方文化企業公司，2002年，頁216。

[8] 宮崎寅藏（1871-1922），號白浪滔天，通稱宮崎滔天，出生於日本玉名郡荒尾村。1897年，在7月前往中國華南地區考察革命黨的情形前，滔天在橫濱拜見陳少白，從陳處看到孫《倫敦蒙難記》，得悉孫與興中會的情況。1897年9月初，滔天返回橫濱，到少白寓所拜訪孫中山。滔天問他革命的主旨、方法和手段，孫侃侃而談，給滔天很深的印象，認為孫的思想、見識、抱負的偉大，日本人當中能及他的沒有幾個，因此發出「孫逸仙誠是東方之珍寶」的讚歎，滔天由此成為孫的知心朋友。【參引自唐元鵬著前揭書，2010年，頁135-137。】

1897年7月孫中山離英經加拿大抵日本橫濱，繼續籌劃革命。他遍訪日本重要政治派系，結交了許多日本朝野的名流志士。[9]翌年，百日維新（1898年6月11日至9月20日）失敗後，宮崎及平山周等人保護康有為、梁啟超師徒至日本。此時日本的執政黨有意促成維新與革命兩派的合作，孫先生亦認為兩派的方法雖異，但欲致中國富強的目標相同，曾多次計劃與康有為會面，但遭到康之拒絕。[10]自此以後，維新與革命兩派乃各自分道揚鑣，甚至互相敵對。

從1895至1912年間，孫中山走過崎嶇的革命路途，長期身在異邦、流亡海外。他曾周遊世界數次，足跡遍及歐美、日本和南洋鼓吹革命，成了周遊世界的革命家。

誠如白中琤指出：「政治因素使得孫中山長期羈留國外，只得以華僑為發展革命的基地；使得他足跡遍各國，結交外國友人、與外國政府互動，這樣的經歷使他具有不同的國際觀、豐富的人際關係，雖然他成為了國內實際政治的邊緣人、局外人。（在此之前）年輕的知識分子絕大多數沒有見過他，然而經由倫敦事件，孫中山的名聲流傳各地，成為了一個具傳奇色彩的革命家。」[11]

---

[9] 參引自白中琤〈孫中山形象之變遷〉，黃賢強、陳丁輝、潘宣輝主編《孫中山和革命志士：歷史、記憶與反思》，晚晴園——孫中山南洋紀念館、新加坡國立大學中文系出版，2012，頁140-141。

[10] 參引自《孫中山與香港——孫中山紀念館展覽圖錄》2013年增版，香港歷史博物館編制，頁20。

[11] 參引自白中琤前揭文〈孫中山形象之變遷〉，2012，頁141。

## 二、孫中山的世界足跡

1895年廣州起義失敗後，孫中山經香港和日本流亡至夏威夷，翌年初次踏足美國，1897年英國之旅後途經加拿大前往日本。他曾四次訪美，又兩次到訪加拿大，逗留北美地區共兩年零兩個月。1911年武昌起義爆發時，孫中山正身處美國丹佛（Denver），為革命籌款而奔波。

回溯歷史，為了捍衛自身利益，華人踴躍加入各地的華僑組織，當中以洪門的網絡最廣，成為革命黨人必須爭取到龐大社群。迄1870年代，美國致公堂的實力伸延至加拿大，及後分堂遍佈美加，成為洪門中勢力最廣的分支。保皇會的組織所以在1899至1903年短短四年間遍佈美加，實有賴於致公堂的穿針引線。孫中山（亦）緊隨其後，於1904年躋身為國安會館（洪門夏威夷分支）的「紅棍」。此前孫先生於1896年到夏威夷和美國籌募經費時，曾舉步維艱。致公堂為孫先生打開美國的大門，亦為他在美國的活動提供保護。自1904年五月起，致公堂「大佬」黃三德陪同孫中山穿州過省宣傳革命，更全力承擔六個多月的旅費。[12]

除了北美洲外，孫中山亦六次踏足歐洲，遊歷英國六次、法國六次、比利時四次及德國一次。歐洲華僑數目較少，並非

---

[12] 參引自《孫中山與香港──孫中山紀念館展覽圖錄》2013年增版，香港歷史博物館編制，頁46。

孫先生所倚重的革命力量。然而，在歐洲的際遇卻令孫中山躍升為世界知名的革命家，並孕育出三民主義思想體系，對孫先生具有特殊意義。李雲漢認為：「孫中山得到留學生的廣泛支持，實始自歐洲之旅」。[13]孫中山獲知留歐學生的革命熱忱後，於1905年1月重返英國倫敦，旋即應留學比利時布魯塞爾的學生邀請，到當地商議國事。此後的六個月，孫先生穿梭於英國、比利時、德國與法國之間宣傳革命，更成功於布魯塞爾、柏林和巴黎召開三次革命組織會議，並自稱為「革命黨」。同年8月，中國同盟會於東京成立，孫追溯在歐洲舉行的會議為同盟會的首三次會議，於東京則為「開第四次會議」；歐洲的革命團體亦正名為「歐洲同盟會」。[14]

此外，日本為孫中山到訪次數最多、居留時間最長的海外國家。孫中山一生在日本活動的時間約9年，曾進出日本本土多達16次。19世紀末，日本因明治維新而成功「脫亞入歐」，廢除了與西方國家簽訂的不平等條約，孫中山認為日本可予借鏡。清政府於1901年推行新政，鼓勵學生出國留學，於是留日學生人數不斷遞增，至1905年中國同盟會成立時多達8千人。留日學生故此成為革命宣傳的主要對象。[15]桑兵亦指

---

[13] 李雲漢著《中國國民黨史述》，台北：中國國民黨文化傳播委員會黨史館，2004年，頁212。轉引自《孫中山與香港——孫中山紀念館展覽圖錄》2013年增版，頁47。【按：至1905年，旅歐的中國學生約100人，以湖北籍貫最為活躍。】

[14] 參引自《孫中山與香港——孫中山紀念館展覽圖錄》2013年增版，香港歷史博物館編制，頁47-48。

[15] 參引自《孫中山與香港——孫中山紀念館展覽圖錄》2013年增版，香港歷史博物館編制，頁48。

出：1905年的留（日）學界，革命風氣蒸蒸日上，建立一個革命大團體成為迫待解決的中心問題。但群龍無首，漫無組織，[16]最後的促成有待於孫中山的揚帆東航。

拒俄運動後，孫中山趁革命風潮鼓盪之機，從思想上組織上對保皇派發動反擊，成效顯著，其影響不僅限於美洲，上海的《大陸》、《警鐘日報》、香港的《廣東日報》，都報導過有關情況。同時，孫中山基本完成其革命理論的創建，將除舊與布新融會貫通，可以滿足知識界的精神需求，這就為吸引留學生，建立革命大團體提供了思想基礎。[17]

孫中山成功吸納留日中國學生，如陳天華（1875-1905）、鄒容（1885-1905）和秋瑾（1875-1907）等為革命黨成員。這些留學生有強烈的愛國情懷，不滿清政府顢頇無能，因而積極投入政治活動，創辦刊物、著書立說[18]及組織革命團體。1905年7月，孫中山抵日，在留學生和日本友人的協助下，積極聯絡，組黨活動進展順利，甫一月而同盟會宣告成立。孫中山成功聯合了留日中國學生，包括華興會和光復會等

---

[16] 桑兵指出：當時的光復會雖與留日學生關係密切，但主要力量在國內；留學界中只有華興會影響較大。而華興會並非定型的團體，長沙起義不果，組織運作即近停頓。加上缺乏完整綱領、系統理論和嚴密組織的華興會，不能為革命活動提供方向指導，在思想和組織上抵拒保皇派的侵襲，團聚廣大學生。儘管黃興、宋教仁、陳天華等是精明強幹的活動家宣傳家，但華興會始終不能成為留日學生的革命中堅。【參閱桑兵著《清末新知識界的社團與活動》第十章〈同盟會成立前孫中山與留日學界〉，北京：生活·讀書·新知三聯書店，1995年，頁350，352。】

[17] 桑兵著前揭書，1995年，頁352-353。

[18] 如：鄒容著的《革命軍》，陳天華著的《猛回頭》、《警世鐘》、《獅子吼》等是。

革命團體成員，在東京成立中國同盟會，以「驅逐韃虜、恢復中華、創立民國、平均地權」為誓詞。中國同盟會的成立，標誌著國內外革命團體的大結合。[19]留日學生回國後加入新軍和秘密會社，以行動支持革命。革命陣營的領導人物如黃興、胡漢民和汪精衛等，均為留日學生。[20]

孫中山雖早在1900年首次到訪南洋，但鑑於當地殖民地中國的阻撓，遲至1907年才長時間駐足在該地策劃革命。南洋是同盟會時期的革命策源地，孫中山於1900年6月首次抵達越南，是他最早接觸的南洋國家。1902年冬成立的「河內興中會」亦是南洋最早的革命團體。及至1907年3月，被日本政府勸諭出境的孫中山抵達河內，旋即把河內興中會改組為中國同盟會河內分會，成為後來六次起義的行動基地及指揮中心。[21]

1906年同盟會新加坡分會於晚晴園成立後，星、馬地區華僑給予革命的支援日益吃重。之所以將同盟會的重心自日本移轉到南洋一帶，乃因日本政府在清廷壓力下對革命黨人日益進行壓制。河口戰役後，法國政府也壓制革命黨人的活動。當時海外的保皇黨在星、馬地區也有很強的活動力，他們甚至直接威脅到革命黨的發展。

新加坡在地理位置上是南洋的中心，而且新加坡當地的英殖民當局的統治政策也較為寬鬆，孫中山於是決定要在新加

---

[19] 李雲漢、劉真主編《中山先生與日本》，台北：台灣書店，2002年，頁126-127。

[20] 《孫中山與香港——孫中山紀念館展覽圖錄》2013年增版，香港歷史博物館編制，頁48-49。

[21] 《孫中山與香港——孫中山紀念館展覽圖錄》2013年增版，頁49。

坡建立革命的據點，直接攻堅，扭轉勢頭，爭取東南亞廣大華人對革命運動的支持。中山先生於1907年3月離開日本前往東南亞，革命黨人的活動重心因此也就伸展到了星、馬一帶。1907年5月開始，革命黨曾經在廣東、廣西、雲南三省發動過5次武裝起義。潮州的黃岡起義、惠州七女湖之役，都由新加坡人肩負重擔，主導者黃乃裳、許雪秋更回國從事革命思想的宣傳和同志的吸收。其他的革命起義如欽廉之役、鎮南關之役、河口之役，都是在新加坡策劃發動的。[22]自1908年被法屬印度支那政府驅逐出境後，孫中山轉赴新加坡，將當地的同盟會分會改組成南洋支部。

　　及至1910年8月，因南洋支部陷於癱瘓，加上清政府派駐新加坡的領事不斷打壓，有英殖民地政府嚴密監視新加坡革命黨人[23]，令孫中山正式把南洋支部移往檳城。同年11月13日，孫中山親自召開「檳城會議」（又叫「庇能會議」），策劃廣州黃花崗起義及決議籌措經費，與會者只有孫先生推心置腹的同志及檳城同盟會會員。孫中山十分重視這次起義，更以「破釜沉舟」之戰、「成敗利鈍，在此一舉」來形容，令檳城登上革命的歷史舞台。[24]

---

[22] 〈國民萬歲，以民為尊〉（國民黨榮譽主席連戰出席中國同盟會新加坡分會100週年紀念慶祝活動演講全文），廖建裕主編《再讀同盟會、孫中山與東南亞華人》，新加坡：華裔館，2006年，頁11-12。

[23] 張曉威〈孫中山與檳榔嶼僑社〉，湯熙勇、顏妙幸編《孫中山與海外華人論文集》，台北：國立國父紀念館及中華民國海外華人研究學會，2010年，頁2-14。

[24] 說詳見本書第6章所引楊漢翔撰〈紀總理庚戌在檳城關於籌劃辛亥廣州舉義之演說〉一文。又，見顏清湟著、李恩涵譯《星馬華人與辛亥革命》，台北：聯經初步事業股份公司，1982年，頁264-276。

| | 1895-1911年間的反清革命起義 |
|---|---|
| ・在1895至1911年間，以孫中山為首的興中會和中國同盟會曾直接策動或指揮的武裝起義多達十次，地點階在廣東（七次）、廣西（兩次）和雲南（一次）三省，尤以廣州一地的次數最多。 | ・1895年10月　廣州起義<br>・1900年10月　惠州三洲田起義<br>・1907年05月　潮州黃剛起義<br>・1907年06月　惠州七女湖起義<br>・1907年09月　欽廉防成起義<br>・1907年12月　鎮南關起義（廣西）<br>・1908年03月　欽廉上思起義（廣西）<br>・1908年04月　河口起義（雲南）<br>・1910年02月　廣州新軍起義<br>・1911年04月　廣州黃花崗起義<br>・1911年10月　武昌起義（湖北） |
| ・在1907至1908年間頻密地發動六次起義；雖然這些起義均告失敗，但革命的熱潮已經席捲全國。 | |
| ・在七次以南洋為策源地的起義中，南洋華僑都出資相助，如1907年至1908年的六次西南地區起義，二十餘萬港元的經費就有十一萬來自南洋，佔總經費的55%；1911年廣州黃花崗起義的十萬八千來自南洋，佔總經費的57%。證明南洋華僑在財力和物力上做出重大貢獻。 | |

資料出處：引自《孫中山與香港——孫中山紀念館展暨圖錄》2013年增版，頁46-50。

# 第二章　檳榔嶼史略

檳榔嶼開闢於1786年。萊特上尉（Captain Francis Light）[1]
登陸檳榔嶼時，島上滿目荒涼，除了少數華人，人蹤罕至。[2]
據史料記載：萊特乘軍艦抵達檳榔嶼時，船上砲兵15名，軍
官5名及土人水兵百名。他登陸後，於日記上這樣記載：「隨
行人員伐木，設帳幕。有一小艇來自吉打，由Captain China帶
頭，並有印度基督教徒數人，亦攜有漁網一具。」[3]這名華人
領袖即是後來被稱為吉打華人甲必丹的辜禮歡。他及其家族也
因為拔了頭籌而致富。

---

[1] 萊特（1740-1794）出身名門望族，父親曾是英國國會議員。他於19歲那年自文法
學校畢業後，參加海軍。1765年，他到印度尋求發展，在英國政府控制的東印度
公司（成立於1600年）任職，但未受重用。他被指派來往於暹羅（今泰國普吉）
及吉打之間接洽「生意」。他於1771年巡視檳島後，曾致函總部設在孟加拉的
東印度公司總督建議把檳島闢為「東方貿易的便利庫倉」，但前者派員前來考察
後卻不以為然。直至14年後，吉打蘇丹有難、尋求東印度公司保護蘇丹的統治地
位，提出割讓檳榔嶼給該公司的條件。但雙方條件尚談未妥，萊特迫已不及待、
強先行於1786年登陸檳榔嶼。這間中還涉及蘇丹試圖奪回檳島，經歷交戰，最後
前者被迫與勝利方萊特簽署「城下之盟」，於1791年5月1日正式確定東印度公司
擁有檳榔嶼的佔用權，該公司則需每年付給吉打蘇丹西班牙幣6千元。華按：有
關細節，請參閱謝詩堅編著《檳城華人兩百年》，作者自印，2012年，頁7-11。
[2] 參閱張禮千著《檳榔嶼志略》，南華出版社，1959年，頁18。
[3] 參閱書囊、顧因明、王旦華譯《檳榔嶼開闢史》，台灣商務印書館，1969年，頁
54。

就這樣，不到一個月的時間，萊特基本上已在關仔角建立起根基地——康華麗碉堡和砲台，並於1786年8月11日作出如下的宣誓：「吾今奉總督（麥克浮爵士）及孟加拉國國議院訓令，今日佔據此島，名檳榔嶼，今名威爾斯太子島（Prince of Wales Island），並奉喬治三世陛下之命，監視不列顛國（英國）國旗豎立於島上，以供不列顛東印度公司之用。」[4]當天正午，萊特率眾立於位處康華麗碉堡旗竿之下，信號一發，英國國旗即徐徐升起。他於宣誓完畢後，又同時宣布將開闢的那個地段命名為喬治市（George Town），用以表彰英國國王喬治三世。如此一來，喬治市與檳榔嶼同時誕生，為後來的歷史寫下了新章。[5]

　　為了發展檳島，萊特登陸後不得不引進大批勞工。迄1788年，市鎮的人口增加得很快，而且還有若干體面的華人、Malabar人和馬來人的家族居留。這一年，已有400畝的土地被開墾，全檳島人口已有一千人，其中五分之二乃華人。[6]1792年，當時的人口估計已近一萬人。絕大多數雜居在碼頭處極不衛生的地方，很多人因此而死亡。更難置信的是連萊特本人也得了瘧疾而於1794年10月21日逝世，終年僅54歲。[7]萊特掌理檳榔嶼不過8年，就英年早逝。他的理想，只能交由後來者繼承。

---

[4] 參閱書蠹、顧因明、王旦華譯《檳榔嶼開闢史》，台灣商務印書館，1969年，頁59。

[5] 參引自謝詩堅編著《檳城華人兩百年》，作者自印，2012年，頁12-13。

[6] 參閱葉苔痕與吳允德合編《檳榔嶼大觀》，檳城：海角出版社，1950年，頁23。轉引自謝詩堅編著《檳城華人兩百年》，2012年，頁13-14。

[7] 參閱Penang Past & Present, City Council of Georgetowen, 1966, p.1.

1797年吉打蘇丹東姑阿都拉馬農沙於駕崩，王位繼承發生了內訌。身為代蘇丹的東姑查努丁為了鞏固王權，有求於英國。第三任繼任者麥唐納眼見機會來了，便與之討價還價。吉打蘇丹終於在1800年與第四任繼任者李特簽署了14點協議書，其中包括：同意讓把檳榔嶼對岸的60廊土地割讓給英國，以換取東印度公司保護沿海地帶不受外來侵略及海盜的威脅。英國將這塊土地命名為威斯利省（Province Wellesley，簡稱威省）。但這遠非英國人所滿意的。因此，英國人又借吉打蘇丹的爭權，傾力支持東姑阿末達朱丁成為新蘇丹，以取代身為代蘇丹的東姑查努丁的代蘇丹地位。在這種情況下，英國再取得暹羅王國的同意，將威省的版圖擴大，以慕打河為邊界。[8]

雖然，姚柟與張禮千認為：「從1786年至1805年間，檳榔嶼仍是十分落後的。公路既不多，公共建設更寥寥無幾，無醫療設備，無徵稅制度，連維持治安之費用也極度缺乏，堪稱法紀全無。此種雜亂無章的局面，竟然維持了20年之久。」[9]

## 一、檳榔嶼被提昇為省及其建制進程

1805年，英國東印度公司決意提昇檳榔嶼為印度的一個省與馬德拉斯和孟買同一等級，直接向東印度公司總督負責。主要目的乃嘗試在檳島建立一軍事基地，並設有船塢，作為通向

---

[8] 參引自謝詩堅編著《檳城華人兩百年》，2012年，頁16-17。
[9] 參閱姚柟、張禮千合著《檳榔嶼志略》，商務印書館，1946年，頁62及69。

中國和錫蘭（今斯里蘭卡）之間的驛站。英國乃通過東印度公司委派坦達斯（Philip Dundas）出任總督（Governor），負起完成將檳榔嶼變成一個軍事基地和建設船塢的任務。[10]然而基於種種考量，英國於1810年決意放棄在此地建造軍港和船塢的原訂計劃。

坦達斯總督就任後，重新規劃檳島的土地並將之分成三個區域，即：喬治市、東北縣和西南區、威省未作規劃（但）仍保留（作為）一個區。整個檳城，共分成四區（後來威省劃分成威北、威中和威南），是頗具遠見的規劃。[11]

1817年，東印度公司委任巴納南（Alexander Bannernan）為檳榔嶼總督。此時，檳城的地位已有下降之虞，因它不適合成為軍港和船塢。另一項打擊是從檳榔嶼被調走到爪哇任副總督的萊佛士（Thomas Stamford Raffles）。他於1819年通過東印度公司的支持取得新加坡的控制權，為英國建立另一個位置更為優越的軍港。

新加坡的開闢，意味著檳榔嶼地位的下降，越來越多的船隻選擇新加坡作為驛站。雖然檳城的發展進度較前來得緩慢，但它仍然是中國人南來的主要停泊港口；這裡的華人人口也繼續增長。

---

[10] 參閱*Penang Past & Present*, City Council of Georgetowen, 1966, p.7.
[11] 參引自謝詩堅編著《檳城華人兩百年》，2012年，頁28。

## 二、英國海峽殖民地「三州府」演進史略

1826年，英國東印度公司正式將檳榔嶼、馬六甲[12]及新加坡併入「海峽殖民地」（The Straits Settlements），成為印度三省區外的第四個省區（The Fourth Presidency）。[13]海峽殖民地成立後，總部設在檳榔嶼，以減輕總部設在印度的東印度公司的沉重負擔。為了達此目的，它也宣布這個海峽殖民地為自由港。

其行政結構也因上述新組織而有了改變，即：海峽殖民地設有總督，但須向東印度公司的大總督負責。由於馬來半島尚未歸英國掌控，此三個州的聯繫多靠海上交通。

1830年，東印度公司為削減開支再度調整行政結構，把海峽殖民地從省級降為府治，隸屬印度的孟加拉省。總駐紮官（Resident）設在檳榔嶼；新加坡及馬六甲各設有副駐紮官。檳、甲、新後來被稱為「三州府」蓋起源於此。

1832年，新加坡的發展凌駕檳榔嶼，海峽殖民地的總部遷往新加坡，由總駐紮官管理，而檳榔嶼及馬六甲則各設參政司（Resident Councillor）。[14]

1858年，東印度公司結束，英國政府直接接管各地的殖民地。直到1867年4月，海峽殖民地才真正擺脫印度（也是英國

---

[12] 1824年，英國放棄其在蘇門答臘的明古連港，以換取荷蘭控制的馬六甲。
[13] 參閱崔貴強編著《東南亞史》，新加坡：聯營出版有限公司，1965年，頁214。
[14] 參引自謝詩堅編著《檳城華人兩百年》，2012年，頁35。

的殖民地）的控制，被置於英國殖民地公署之下，成為皇家殖民地（Crown Colony）。[15]

---

[15] 參引自謝詩堅編著《檳城華人兩百年》，2012年，頁37。

# 第三章　辛亥革命前新加坡、
　　　　馬來亞的華僑社會略述

　　隨著19世紀後期資本主義向帝國主義過渡，歐洲殖民地主義者把大量資本輸出到落後國家，更加緊了對殖民地的原料掠奪和商品傾銷，也開始了他們「開發」殖民地的黃金時代。這一時期，東南亞錫礦的開採，橡膠園的開闢，煙草的種植，香料的栽培，還有城市、碼頭、港口、道路的大量建設，對中國勞動力的需求都成倍、成十倍地增加，因此東南亞的華僑居民人數劇增。以馬來亞為例，19世紀後半期以後，湧入的華人移民，已成為當地重要的民族。[1]

　　顏清湟更具體地指出：1804年時，即有為數5,063名華人來到由新加坡、馬六甲、檳榔嶼（檳城）三地組成的英屬海峽殖民地；25年後的1865年，全年內移民抵達者更劇增至三倍多，達17,439人。但他認為：直到1880年代大規模的華人移民潮開始以後，在馬來半島部分大量華人的永久居留區才算發展起來。這主要歸因於英國在1874年後建立起來對馬來半島的政治控制所致。英人所進行的經濟發展和所建立的法律與秩

---

[1] 參引自林金枝主編《華僑華人與中國革命和建設》，福州：福建人民出版社，1993年，頁6。

序，進一步刺激了中國的新移民，因此新加坡和馬來亞的華人人口大量增加。[2]

在19世紀的最後20年期間，華人移民東南亞有兩種不同的形態：一種是所謂「客頭」[3]制，又稱「船票賒欠」制，或「苦力」制；另一種則為親族集團制。[4]這兩種類型的移民群即構成新加坡與馬來亞大規模與永久性華僑社會的基礎。大部分由「客頭」制度募集而來的窮苦苦力，多在各錫礦中心與農業園坵勞動工作，形成清季革命派勸誘對象的社會下層的骨幹。其他在「親族集團」制下而來的「新客」，則成為華僑社會內社會中層的中堅。由於對提攜他們的親長身負債務及經濟上的依賴性，此等社會中層份子的革命傾向在某種程度上常為其經商的親長所控制。

迄1887年，中國廣東當局之管制「客頭」，已使「船票賒欠」苦力的供應來源大為減縮；新加坡當局於1896年則通過法令，管制「客頭」所設的苦力棧房執照，使「客頭」制更進一步受到限制。因此，自由移民逐漸增多，形成了較大規模與更永久性的華僑社會。自由移民有較多省錢的機會，以開始自己的小生意；也有較好的機會，在其小生意上賺錢，而這類自由

---

[2] 參引自顏清湟著、李恩涵譯《星馬華人與辛亥革命》，台北市：聯經出版事業公司，1982年，頁18。

[3] 「客頭」是早在海外華人社區中具有社會根柢的苦力掮客，在此時期內新加坡與中國沿海各通商口岸之間的人口流動中，扮演重要的角色，即在各船主與各中國各通商口岸的苦力收容所配合下，運送苦力以供應市場所需的勞工。

[4] 某些海外華人在事業上略有成就時，為擴展商務即派人或親自返中國將其子、侄、兄弟或其他親戚帶回僑居地作為學徒、助手或店員。此即構成所謂的「親族集團制」移民。

移民越來越多地定居於新加坡與馬來亞。[5]

　　中國人向以具有複雜嚴密的家庭與家族組織著名。在傳統中國社會內，家庭不只為一結構嚴密的社會單位，也是許多社會活動的核心。在閩、粵兩省鄉村內非常強烈的血緣意識，同樣移植於星馬各地的華僑社區之內。當僑居於外國政府統治、語言不通的生活環境時，求助於第二道（自衛）防線之家族的需要也更迫切，進而使家族的血緣關係更為加強。除此之外，僑社內另一強有力的社會聯繫基礎乃方言。在1900年前，星、馬僑社內共存在著五種主要的方言群：即福建話、廣東話、客家話、潮州話與海南話。五種方言群的不同更因各方言群內風俗習慣與性格的差異，而更增隔閡。各方言群華僑所從事的職業亦各不相同。這種語言與職業上的差異根深蒂固，造成華僑社會內部的隔離現象，也引起彼此間的誤解、猜疑、敵視與衝突。這種衝突在19世紀下半段的新加坡與馬來亞經常發生。所有這些差異性對於星、馬兩地華人社區內推動中國革命運動，都構成了主要的阻礙作用。[6]

　　各方言群設立了地緣性的會館，在社交上提供場所，讓會員們交換對遠方故鄉的懷念與信息，也提供會員以娛樂的機會。但會館最重要的功能，乃提供某些社會福利事項，並給予初抵僑居地的「新客」所需的物質協助。各不同方言群（亦稱為「幫」）擁有自己的廟宇、墓地和學校；各幫也崇祀不同的

[5] 參引自顏清湟著、李恩涵譯《星馬華人與辛亥革命》，1982年，頁19-22。
[6] 參引自顏清湟著、李恩涵譯《星馬華人與辛亥革命》，1982年，頁25-27，29。

神祇。拜神的對象與活動，各有範圍，互不逾越。[7]

## 星、馬華僑與秘密會黨

秘密會黨如方言集團與家族組織，實為19世紀與20世紀初期新加坡、馬來亞華人社會重要的社會結構的一部分。這些會黨於1890年被殖民地政府壓制之前，實為華人社區內半合法的自治機關，保護區內會員的生命與財產，協調彼此的工作與解決彼此間的紛爭。他們脅迫新客入會，又以武力保護鴉片煙館、賭博館及妓院的營業以斂財。會黨也常常因會員之間的私仇及不同幫派之間爭奪保護地盤而發生武力火拼，對整個社會安寧造成破壞。

由於大部分的星、馬華人移民來自天地會（又稱洪門）盛行的中國東南沿海，如福建、廣東、廣西等省，移民當中的天地會黨員也將天地會組織帶來星、馬。資料顯示：早在19世紀初，天地會已在海峽殖民地內奠定其強固勢力。至1840年，據說整個海峽殖民地內已有會黨兄弟七千人之多！至1876年，官方估計僅在新加坡與檳榔嶼（檳城）兩地的「危險會黨」份子的數目多達34,776之眾。

對於秘密會黨活動所造成的社會不安，海峽殖民地當局所採取的對策是緩慢和審慎的。經過90多年（1799-1890）的時間，英當局才逐漸從完全放任的政策轉變為壓制禁止。英人

---

[7] 參引自顏清湟著、李恩涵譯《星馬華人與辛亥革命》，1982年，頁27-28。

政策的改變，起自1867年英國殖民部取代英屬印度政府，直接管轄海峽殖民地。兩年後之1869年，新的英國海峽殖民地當局即實施一種註冊制度，規定所有新會黨均需向政府註冊，註明其組織之詳細資料。新任海峽總督史密斯（Sir Cecil Smith）更於1889年頒定法令，強力壓制各會黨。該法令將各種會黨列為非法組織，並令其公開銷毀會黨之秘密標誌、符號與神主。這種新政策只是驅使會黨轉入地下，並加強其組織的秘密成分，使其行動更為有效。顏清湟指出：這就是在1900年左右，中國革命運動開始在海峽殖民地活動時華僑社會內私會黨的情況。[8]

　　事實顯示：天地會自移植至海外的華人社會後，已從過去具有政治傾向的會黨轉變為犯罪性組織了。這主要歸因於社會環境的改變，天地會人在大英帝國統治的星、馬殖民地上是無法推翻遠在中國的滿清皇朝的。但天地會的禮儀中，此種反清的傳統則一直保留著，而在外界因素的新刺激下，當然易於再趨熾烈。這從新會眾的訓練方面，可以看出。每一新會眾在入會時都必須參加一項非常繁複的入會儀式，無論入會者是如何的無知無識，也必被經常地灌輸反滿的意識。顏清湟反問：「究竟這些反清的標誌、箴言、誓詞、手勢等對新入會者有無正面的心理效果？」經思考，他自答道：「對於當時海外華僑所處的環境而言，這些話都只是入會儀式的一部分，並無

---

[8] 參引自顏清湟著、李恩涵譯《星馬華人與辛亥革命》，1982年，頁36-38。又，參閱謝詩堅編著《檳城華人兩百年》，2012年，頁63-77。

現實的意義；但它毫無疑問地可作為一種情緒上的基礎，以溝通當代反滿的革命運動與私會黨之間的聯繫。」[9]

---

[9] 參引自顏清湟著、李恩涵譯《星馬華人與辛亥革命》，1982年，頁43-45。

# 第四章　革命派於1906年前 在海峽殖民地的活動略述

　　誠如顏清湟指出：「從根本性質而言，辛亥革命可說是由於清廷應付列強侵略的一連串失敗而起」。自鴉片戰爭（1839-1942）及英法聯軍之役（1856-1860）以後，各國侵奪中國藩屬邊區的態勢，即未曾停止。尤其是光緒廿年至廿一年（1894-1895）日本為佔奪朝鮮而發動與中國的甲午戰爭，滿清海陸兩軍均告失敗！這些事實都使具有遠見的中國人警惕到清廷之無力保疆衛國；也促使初期革命運動的肇興。[1]

　　1895年革命領袖與星、馬華人間最早的接觸，純粹是偶然性的。其時，孫中山利用清政府在中日甲午戰爭（1894-1895）中慘遭敗績所引起的社會不安，在廣州發動了第一次武裝起義，但不幸失敗。事後清廷懸賞以追緝革命領袖，各領袖因而被迫逃亡海外，這是他們與東南亞華人社會作親身接觸的開始。當時香港政府將興中會三大首腦之一的楊衢雲[2]驅逐

---

[1] 顏清湟著、李恩涵譯《星馬華人與辛亥革命》，1982年，頁51-52。

[2] 楊衢雲（1861-1901），祖籍福建漳州海澄縣，名飛鴻，號衢雲。年幼時隨父親來香港生活，接受西式教育，是民主革命早期的先驅人物。1892年，他與同志組建了最早的愛國革命組織輔仁文社，出任首任社長。他於1895年結識孫中山，與之攜手合作，把輔仁文社併入興中會，組織香港興中會，推動晚清革命運動。他在革命黨內，初與孫中山並駕齊驅，曾與孫一起策劃廣州起義（1895）和惠州起

離港，為期五年，楊氏乃途經新加坡前往南非洲。[3]顏清湟認為：「作為香港興中會的一位領袖，為了擴展興中會在南洋的革命力量，當他短期途經新加坡時即與當地私會黨人約晤接觸。此行雖未能在新加坡設立一興中會分會，但楊氏對當地華僑社會的影響力量顯然是有的。」

從1895年至1900年，國內外情勢對於中國的革命運動都很不利，革命派與星、馬華人之間的接觸，也沒有何等新的發展。海外華人正如他們國內的親友一樣，對於高高在上的大清皇帝威權向極尊崇，天子君臨萬民、替天行道的觀念一向深入人心；反抗君皇的，則被認為是大逆不道的叛臣賊子。第一次廣州起義失敗後，孫氏在海外一致被認為是歹徒與叛逆。所以，孫氏與興中會各領袖在這六年內，多活動於香港、日本與檀香山當地，與新加坡、馬來亞兩地，全無接觸。[4]

顏清湟指出：「戊戌政變後，康、梁維新派人士多逃亡海外，開始與海外華僑接近。雖然維新改革運動在中國國內已失敗，但他們的救國主張比較溫和，也只要求較少的犧牲與冒險，所以維新派較之革命派的激烈行動，在華僑社會內是較受歡迎的。這也是1898年至1900年間星、馬華人與革命派未能建

---

義（1900）。他不幸與1901年被清廷派人槍殺，年僅四十歲。【參引自彭淑敏撰〈楊衢雲：香港革命基地的「老大哥」〉，蔡思行、彭淑敏、區志堅編著《辛亥人物群像》，香港：中華書局，2011年，頁72-76。】

[3] 此行雖是楊衢雲第一次過訪新加坡，但他可能對當地的華人社會相當熟悉。因為其祖父曾僑居檳城多年，而其父則出生於檳城，並僑居該地直到16歲。參閱顏清湟著、李恩涵譯《星馬華人與辛亥革命》，1982年，頁54。

[4] 參閱顏清湟著、李恩涵譯《星馬華人與辛亥革命》，1982年，頁55。

立密切關係的一項原因。」[5]

## 孫中山抵達馬宣傳前的當地革命團體和組織

近年來，史料的挖掘令人對孫中山抵馬前當地已成立的革命派組織及其所開展的革命活動有了一些新的認識與看法。限於篇幅，以下僅列舉兩個比較重要的革命組織及其領導人略加介紹和說明：

### 「救國十八友」

年輕商人沈鴻柏（1873-1950）於光緒十九年（1893）自福建晉江來到馬六甲，時年廿一歲。中日甲午戰爭中國戰敗後，將臺灣割讓給日本，沈鴻柏感嘆清廷之衰頹、民族之不振，乃於1897年（即馬關條約簽訂後二年）由沈氏發起，結合當地有志青年於柔佛州東甲成立「救國十八友」組織。該團體以沈氏為盟主，結交當地三點會首領，曉以大義，擴大力量。他們充滿幹勁與理想，情緒激昂而敢於行動，對甲午的慘敗椎心泣血，深感非推翻滿清不足以救國。嗣後孫中山到訪新加坡時，即推沈氏、鄭召荊、江鎮卿三人為組織代表前往謁見，並於1908年被納入同盟會為馬六甲分會，沈氏為分會會長。在辛亥革命前，該組織已結合同志兩百餘人。[6]

---

[5] 參閱顏清湟著、李恩涵譯《星馬華人與辛亥革命》，1982年，頁56。
[6] 劉釗伊編著《孫中山在馬新》，檳城：光華日報出版，2013年，頁133-134；又，參閱黃建淳著《新加坡華僑會黨對辛亥革命影響之研究》，1988年，頁136。

# 中和堂[7]

　　過去，學界對原屬「公會俱樂部性質」的中和堂於革命活動方面扮演的角色，未予足夠的關注；對其創辦人尢列的評價則褒貶有之。晚近以來，對中和堂和尢列所扮演的角色和評價，似有所提升。雖然，黃宇和對尢之人格品行頗為不齒，他針對孫述憲先生用「名滿天下」之詞來形容（包括尢列的）四大寇作出評價，認為「其褒揚之處，中山先生自是當之無愧，陳少白也可以；至於尢列與楊鶴齡，則不提也罷。」[8]

　　顏清湟稱：「革命思想除了在中和堂屬下絕大多數的下層階層人士中很受歡迎外，也逐漸在知識份子群中流佈發展，贏得一些知識份子的服膺，如黃世仲、黃伯耀、康蔭田等

---

[7] 馮自由（1882-1958）於其所撰《華僑革命開國史》中，對中和堂的始源有較詳盡的說明。他指出：「中和堂者，（日本）橫濱華僑工界所組織之小俱樂部也，地點設在山下町唐人街之一角二樓，最初並無名稱，彷彿一普通之海員來往棲宿所，堂中設關羽神像，每值神誕及節令等日，會員恒大會歡飲，歌唱粵曲，鑼鼓喧天。其創立時期遠在丙申、丁酉（民國前十五、六年）與革命黨人初無何等關係。戊戌年（民國前十四年）夏，興中會會員尢列蒞日本。其人素與聯絡工界見長。遂設法與該團體主持人鮑唐等接近親暱。鮑等以尢善於辭令，頗禮重之。尢乃為該團體定名曰忠和堂，並使訂閱上海、香港日報數份以開通之，是為中和堂之始」。而「忠和堂」之易名「中和堂」；且將原關羽神像撤去，以便耶穌教徒之加入，乃接受陳少白之建議而作出更改者。他續稱：「該堂自成立以迄民國初年，仍是一普通俱樂部性質，與興中會及同盟會並無密切關係，不過堂內任事人與革命黨員時相接近，有賴於革命黨員之指導耳」。【參引自中國社會科學院近代史研究所、近代史資料編輯組編《近代史資料專刊：華僑與辛亥革命》，北京：中國社會科學出版社，1981年，頁34-35。】

[8] 參閱黃宇和著《三十歲前的孫中山：翠亨、檀島、香港1866-1895》，2011年，香港中華書局，頁430。

三人，深受尤列新思想的影響，最後乃自維新派一轉為中和堂的一份子。」又云：「所以尤列在星、馬所建立的中和堂分部和他所從事的其他活動，對早期革命運動中星、馬的發展最具重要性。」[9]

趙雨樂於介紹尤列與中和堂時指出：尤列（1866-1936），廣東順德人，年少時和孫中山、楊鶴齡、陳少白志同道合，被稱為「四大寇」。他於1901年來到新加坡，是最早在新加坡活動的核心革命分子之一。不久，他在南洋各地組織中和堂，成為孫中山在1906年來南洋成立同盟會分會以前，最有影響力的革命派領袖。他續稱：尤列17歲時在上海加入洪門，在1897年成立中和堂於九龍，往後陸續於橫濱、南洋各地設置分支。[10]

蔡思行於其所撰〈尤列：孔門弟子鬧革命〉一文中則指出：尤列雖出身經學史家，但師從陸南朗，受革命思想的熏陶，先加入洪門，又與孫中山、楊鶴齡、陳少白結成「四大寇」，成立香港興中會。廣州起義失敗後，尤列避走越南。為了繼續革命的事業，1897年他潛回香港，取「致中和，天地位焉，萬物育焉」之義，在西貢成立中和堂，以孔教作為革命理

---

[9] 華按：是說似乎與顏氏上引文所云：「維新派較之革命派的激烈行動，在華僑社會內是較受歡迎的。此乃1898年至1900年間星、馬華人與革命派未能建立密切關係之一項原因」云云，有一定的矛盾。【參閱顏清湟著、李恩涵譯《星馬華人與辛亥革命》，1982年，頁69。】

[10] 參閱趙雨樂〈從起義到革命：論孫中山與地域社黨的磨合關係〉，趙雨樂著《國家建構與地域關懷：近現代中國知識人的文化視野》，香港中華書局，2013年，頁87註釋12。

第四章　革命派於1906年前在海峽殖民地的活動略述

論的基礎，青天八針白日為堂徽，專聯絡工界，從者甚眾。
1900年，尤列前往日本橫濱與孫中山見面，他提出「中華民國」的國號，並刻有「中華民國萬歲」圓形象牙國璽一枚，在1901年元旦向東京中國留學生宣布。當時南洋各地跟從康有為保皇黨的華僑甚眾，尤列遂在南洋各埠組織中和堂分部與之抗衡。1904年，孫中山到達檀香山，經尤列介紹加入洪門致公堂，孫因此能夠和當地會黨聯絡，海外革命事業逐漸開展。1905年8月20日，中國同盟會本部在東京成立。由於中和堂在南洋勢力鞏固，因此尤列被推舉為同盟會新加坡分會會長，南洋各埠的中和堂會員都加入了同盟會，壯大了革命的聲勢。不少中和堂會員受尤列號召，返回中國伺機起義[…]。蔡思行因此讚譽尤列為「革命黨之中流砥柱」，對革命事業「貢獻良多」。[11]

　　陳良嘗對中和堂創辦人尤列作出評價時稱：1900年惠州起事失敗後尤列南亡，開展革命新腹地之契機。當時南洋社會保守，社會精英多追隨康有為，崇尚保皇。尤列（1865-1936）於1901年抵星洲，成功將張永福、陳楚楠轉變為革命份子，[12]

---

[11] 參引自蔡思行上揭文，蔡思行、彭淑敏、區志堅編著《辛亥人物群像》，香港：中華書局，2011年，頁89-92。

[12] 據馮自由：陳楚楠與邱菽園為摯友，因得閱清議報、開智錄、新民叢報及各種書報，漸醉心新學，自號思明州之少年，知尤列為老中興會員，遂與老友張永福專程請謁，一見如故。黃賢強進一步指出：陳楚楠因為閱讀維新派的書刊，而開始孕育民族和愛國思想；但他有志於革命事業，還是結交尤列之後才真正成為革命的信徒。【參閱馮自由〈新加坡圖南日報〉，《革命逸史》初集，台北：商務印書館，1965年，頁171。又，見黃賢強〈孫中山與辛亥革命──南洋革命運動的歷史脈絡（1900-1925）〉一文，2012年，頁44。】

並影響二人投下巨資辦《圖南日報》，[13]並親自為之撰寫〈發刊詞〉（署名「吳興季子」），公開鼓吹革命。孫中山在美洲途中讀到《圖南日報》，大喜過望、深感吾道不孤，遂有建基地於之意，以彙整星馬革命力量。1906年孫蒞星會張永福、陳楚楠、尤列等人於晚晴園成立南洋首個同盟會，革命策議之地自此南移，歷史之所以選擇星、馬華人，尤列穿針引線之功不可沒也。[14]

　　黃賢強對類此評價亦表認同，並進一步指出：「1905年以前，孫對南洋的想像還是停留在1900年首次來到新加坡的印象，以為沒有什麼革命力量。其實在尤列的運動下，新加坡（華按：包括吉隆坡與檳城）除了陳楚楠和張永福等人外，還有一批中下層的華人，尤其是加入中和堂的會員，逐漸受到革命思想的洗禮。」基於此，他強調：「1905年以前陳楚楠和張永福（在新加坡）的革命活動，是由尤列指導，而非由孫中山親自布局。因此，討論南洋革命思潮的發展，尤其是第一階段的發展，不可忽略尤列的角色和影響。」[15]

---

[13] 《圖南日報》於1904年正式在新加坡出版。初由尤列介紹鄭貫公任總編輯，鄭以事辭。乃改聘陳詩仲，鄭陳二氏皆前任香港《中國日報》記者也。此外，更聘尤列為名譽編輯，黃伯耀、何德如、康萌田、胡仔鑲、邱煥文，分任，撰述譯務，黃何康胡等多屬中和堂會員。【參引自馮自由〈中和堂小史〉，《革命逸史》第三集，台北：商務印書館，1965年，頁133。】

[14] 參引自陳良〈正原總墳與辛亥革命〉，邱克威、徐威雄主編《學文3》，2013年4月，頁50-51。

[15] 參引自黃賢強〈孫中山與辛亥革命——南洋革命運動的歷史脈絡（1900-1925）〉，2012年，頁46-47。

- 革命先行者尤列（1865-1936）和中和堂
- 尤列17歲時在上海加入洪門，在1897年成立中和堂於九龍，往後陸續於橫濱、南洋各地設置分支。
- 吉隆坡中和堂為歷史上第一個公開懸掛青天白日旗之機關。
- 尤列被英殖民地政府脅迫離開新加坡；彭澤民主持的吉隆坡中和堂也被強行解散。

# 第五章　孫中山對南洋間接
# 　　　　與直接影響

　　孫中山自1900年第一次到新加坡至1925年逝世為止，與新加坡乃至於整個南洋地區有著密切的關係。期間，有些時段他的影響是直接的，有些時段的影響則是間接的。有關南洋的革命運動始於何時？目前普遍的看法有二：「1900年說」和「1905年說」。主張1900年說者，是基於孫中山於1900年7月首次來到新加坡。但孫中山此行不是為了宣傳革命，而是急於解救被英殖民地政府拘捕的兩位日本友人——宮崎滔天（寅藏）和清藤幸七郎。[1]

　　黃賢強認為：「既然孫中山於1900年南來新加坡並沒有宣傳革命的動機和目的，以此來論定新加坡革命運動之起點，難

---

[1] 庚子年（1900）華北很快蔓延起極端仇外的義和拳運動，革命黨想利用此良機再度在華南發動起義行動。孫中山的日本友人宮崎寅藏建議與海外的維新派合作，並自告奮勇的與當時流亡新加坡的康有為接洽。孫應允後，宮崎與另兩名日人清水及內田前往，並於1900年6月致函康氏，希望約時面晤。康以為這些日人是清廷派來圖謀暗殺他的，不但拒絕會面，反而請求英殖民地當局予以拘禁。孫中山抵達新加坡後，在當地名人林文慶博士與老友吳傑模的協助下，很快營救其日籍友人出獄；但由於英殖民地當局對革命黨人的顧忌，決定驅逐孫氏及宮崎等出境，並在五年內不得來訪。參閱張克宏著《亡命天南的歲月：康有為在新馬》第五章〈庚子新加坡「刺康案」始末〉，吉隆坡：華社研究中心，2006年，頁105-136。又，參閱顏清湟著、李恩涵譯《星馬華人與辛亥革命》，1982年，頁58。

免有點牽強。」黃氏較認同「1905年說」，他指出：「孫中山於1905年再次來新加坡時，雖然是過境性質，但其目的是要認識陳楚楠和張永福等有革命思想的新加坡志士。當孫中山見到他們時，不但告訴他們有關世界各地的革命群體和活動，也指示南洋志士革命工作的方向，所以此行與革命運動有明確的關係。且孫中山稍後於1905年底和1906年上旬再次來訪，並組成同盟會新加坡分會。故此，第二種說法乃有一定的根據。」[2]

他續稱：「如果不限孫中山本人的活動和直接影響，南洋革命運動的發端應該還要更早。因為1905年孫中山過境新加坡之前，發生在新加坡的一些事件顯示，革命活動已經積極展開。其中包括陳楚楠和張永福在1904年出資出版南洋地區的第一份革命性報紙──《圖南日報》。另一件為人稱道的革命事業，乃陳楚楠成功將原本與革命無關的星洲書報社轉型為革命派的外圍組織」。那麼，陳楚楠和張永福的革命思想是如何產生的呢？又是受誰的影響呢？黃賢強認為：陳楚楠和張永福革命思想的泉源，應該來自革命先行者尤列。

1905年8月，中國同盟會在日本東京成立，[3]國內設東南西北中5個支部，國外設南洋、歐洲、美洲和檀香山4個支部。

---

[2] 黃賢強〈孫中山與辛亥革命──南洋革命運動的歷史脈絡（1900-1925）〉，黃賢強、陳丁輝、潘宣輝主編《孫中山和革命志士：歷史、記憶與反思》，晚晴園──孫中山南洋紀念館、新加坡國立大學中文系出版，2012年，頁39-40。

[3] 中國同盟會的成立，標誌著中國革命事業進入了一個嶄新的階段。這一以新型知識分子為主體的革命組織，使分散的革命力量從此有了統一的組織。9月30日（九月初二日），孫中山興奮地寫信向南洋華僑報告：「近日吾黨在學界中，已

支部之下設分會。孫中山於1906年4月在新加坡晚晴園成立同盟會分會。[4]1906年7月17日，陳楚楠、黃乃裳等陪同孫中山到馬來亞宣傳革命思想和開展組織工作，在芙蓉與當地華僑座談。孫中山此行訪問了芙蓉、吉隆坡及怡保。1906年8月7日，孫中山抵達吉隆坡成立同盟會吉隆坡分會，舉陸秋泰、王清為正副會長。

　　同盟會吉隆坡分會組成後，孫一行即繼續前往霹靂州首邑另一錫礦生產中心的怡保，該市居民也以華人為主。雖然過去尤列曾在此設立中和堂分堂，但其活動早為當地強大的維新派與死硬保守派所壓制，一籌莫展。孫氏一行抵怡保後，當地革命份子招待入住對外開放的霹靂新改良商局內；[5]此一舉動引起當地維新派領袖錫業鉅子胡子春的大大不滿，威脅要以武力對付。[6]孫氏獲悉後，立即自該局遷入一間私人旅舍；次

---

聯絡成一極有精彩之團體，以實力行革命之事。現捨身任事者已有三四百人矣，皆學問充實、志氣尖銳、魄力雄厚之輩，文武才技皆有之」。當時，中國內地除甘肅一省在東京沒有留學生外，其他十七省都有留學生參加同盟會。【參閱楊天石著《帝制的終結》，長沙：岳麓書社，2013年再版，頁165。】

[4] 首次開會參加同盟會者計有：陳楚楠、張永福、林義順、尤列、鄧子瑜等12人。陳楚楠與張永福被選為正副會長。黃乃裳、許雪秋、陳嘉庚、李文楷等400餘人，亦陸續加入同盟會。

[5] 據寄生：胡子春曾於1907年在新改良局設宴歡迎清朝的使臣。陳愛梅因此推測新改良局應該是怡保當時的著名酒店。【寄生〈錄霹靂埠商界來函〉，《民報》，第19期，1908年。轉引自陳愛梅〈二戰前華人政治參與模式——以霹靂州之鄭螺生、許武安、鄭太平和梁燊南為例〉，《馬來西亞華人研究學刊》第16期，2013年，頁110。】

[6] 參閱顏清湟著、李恩涵中譯《星馬華人與辛亥革命》，台北市：聯經出版事業公司出版，1982年，頁119。華按：胡氏原來傾向保皇派，力擁清朝，於1906年反對革命派。但1911年後，胡子春卻倒反過來支持革命黨，並「毅然首捐巨金，

日，即趕返吉隆坡，怡保建立一處同盟會分會的意圖，未能達
成。在怡保所遭受的挫折，使孫中山迅速結束了此次廣泛的訪
問新加坡、馬來亞之行。孫中山於同年9月復派陳楚楠、林義
順赴檳城會晤僑商吳世榮，並成立同盟會檳城分會，舉吳世榮
與黃金慶為正副會長。劉崇漢指出：迄1906年止，保皇派於南
洋的勢力尚盛，雖經努力奔走，孫中山領導的革命派僅成功在
新加坡、吉隆坡和檳城成立3個同盟會分會而已。[7]

　　就1906至1910年間孫中山對新加坡和馬來半島本土華僑的
影響而言，誠如胡興榮指出：與孫中山革命相呼應的本土人
士當中，除了新加坡的林文慶、邱菽園及林義順較廣為人知
外，曾為孫中山的革命事業作出了巨大貢獻[8]的馬來半島革命
黨人，包括同盟會芙蓉分會的鄧澤如、吉隆坡分會的杜南、陸
秋傑、陳占梅、怡保分會的鄭螺生及檳城分會的吳世榮、黃金
慶等，卻普遍不為人所認識。此外，南洋革命思潮的發展，尤
其是第一階段的發展事蹟與人物，亦頗鮮為人們所提及，[9]而
尚待進一步的挖掘。限於專題篇幅和時間，本書僅專注於談論

---

　　棄虜職，剪辮髮」。檳城南洋同盟會主盟人黃金慶，特致函胡氏為其上述種種偉
　　舉頌禱之。參閱張少寬〈黃金慶致胡子春的一封信〉，輯入張少寬著《檳榔嶼叢
　　談》，檳城：田野研究室，2005年，頁103-105。

[7] 劉崇漢〈孫中山與馬來亞（1900-1911）〉，《紀念辛亥革命100週年1911-2011：
　　百年回首、承先啟後》，馬來西亞紀念辛亥百年活動系列籌委會出版，2011年，
　　頁34-42。

[8] 特別是為了籌集1911年黃花崗一役的軍餉，他們幾乎動員了整個馬來半島的華人
　　社會。

[9] 參閱胡興榮〈孫中山對馬來半島的影響與本土研究〉，安煥然等主編《孫中山與
　　柔佛》，南方學院、新山華族歷史文物館出版，2012年，頁15-25。

檳城的華僑與孫中山。

在這之前，似有必要略述與革命派相抗衡的維新派（保皇派）領袖康有為流亡、避居馬來亞的時間和進出次數。根據張克宏的統計，康有為一共進出馬來亞7次。他首次抵達馬來亞的時間是1900年7月26日；而最後一次抵達的時間是1910年6月，他於同年8月18日離開馬來亞。[10]為了方便參考，茲將張氏的統計表列抄錄於下：

### 康有為進出馬來亞時間和次數表

| 次數 | 到達時間 | 離開時間 | 備註 |
|---|---|---|---|
| 1 | 1900年7月26日 | 1901年12月7日 | |
| 2 | 1903年7月22日 | 1903年9月1日 | |
| 3 | 1904年5月3日 | 1904年5月26日 | |
| 4 | 1908年10月 | 1909年3月 | 日期無從考訂 |
| 5 | 1909年8月16日 | 1909年10月 | |
| 6 | 1910年春 | 1910年春 | 日期無從考訂 |
| 7 | 1910年6月 | 1910年8月18日 | |

資料來源：張克宏（2006：101）

戊戌政變之後，慈禧太后得知康有為已安然逃離北京，不禁怒火中燒，先後發佈兩道上諭，嚴密緝康，並派刺客四處偵查。康有為來到新加坡後，追緝刺殺的風聲也隨之而至，從而令康有為頗感藏身之所四處草木皆兵，風聲鶴唳。在邱菽

---

[10] 參閱張克宏著《亡命天南的歲月：康有為在新馬》第一章〈匿跡新加坡（1900.2-1900.7）〉，吉隆坡：華社研究中心，2006年，頁11-12。

園、林文慶以及海峽殖民地政府安排和保護下，康有為匿跡星洲僅半年（1900.2-1900.7），但卻四遷其居，生活緊張、驚險，頗具戲劇性。[11]其後，在英殖民地政府安排下，康有為於1900年7月26日被秘密移送到馬來亞的丹將敦島（Tanjung Tuan）。兩星期後，即8月9日康有為在總督亞歷山大的親自護送下又由丹將敦島遷往檳城（又稱檳榔嶼），直到1901年12月才離開。此乃康有為第一次避居馬來亞，歷時近一年半。[12]從1901年12月至1903年5月，康有為寄居於印度東北部的山城大吉嶺。

　　1903年5月10日，清廷軍機大臣榮祿[13]病死，康有為聞訊欣喜若狂，即辭卻英印當局的保護，迫不及待擬秘密返回中國。張克宏據《檳城新報》指出：康此次秘密返國不僅道經新馬，而且還受到了新馬華僑唯一一次熱烈而隆重的歡迎與接待。康有為此次回國，一反此前避難新加坡與檳榔嶼足不出戶、澹泊寡交的窘狀，而是冠冕堂皇、遍遊各地。[14]也在這一年（光緒廿九年癸卯夏六月）康有為遊覽檳城極樂寺時，為該寺題寫的「勿忘故國」書法被寺方鐫刻於石上，遂於檳榔嶼留

---

[11] 參閱張克宏著前揭書，第三章〈環球之旅前的新馬之居（1903.7-1904.5），2006年，頁61-63。

[12] 參閱張克宏著前揭書，第二章〈避居馬來亞（1900.7-1901.12），2006年，頁48。

[13] 榮祿（1834-1903），字仲華，滿洲正白旗人。1898年6月（光緒二十四年四月），光緒皇帝詔定國是，開始變法維新，榮祿極力反對，曾面劾康有為「辯言亂政」。他密謀政變，後又奉慈禧之命囚光緒皇帝於瀛台，殺害「戊戌六君子」，康、梁被迫流亡海外。因此，康有為恨之入骨，視其為阻撓破壞戊戌政變的罪魁禍首。

[14] 參閱張克宏著前揭書，第三章〈環球之旅前的新馬之居（1903.7-1904.5），吉隆坡：華社研究中心，2006年，頁83-104。

下其珍貴刻石墨跡。[15]

　　1903年7月22日（光緒二十九年癸卯六月二十五日）晨，康有為由仰光附搭賓打哥打輪船到達檳榔嶼。該嶼愛國志士聞之皆雀躍相告。康抵達檳榔嶼第二天（7月23日），即前往拜謁該嶼參政司，然後乘車遍遊各地，輜軒所至，人人以得瞻康之風采為榮。《檳城新報》（1903.7.24）曾以《爭見偉人》為題報導了這一盛況。[16]張克宏認為：「十九世紀末中國維新思想在新馬兩地的傳播，以及後來特別是新馬兩地華文報章對康有為去國避難後行蹤的跟蹤報導，無疑都從另一側面加深了新馬兩地愛國華僑對康有為的景仰與欽佩。[⋯]此次康有為不必再避地避人，仰慕康有為之華僑皆能得遂其夙昔之積願，所以皆踴躍殷勤款接，以致康有為終日赴宴，遊學演說。[⋯]這類活動，在他這一次逗留檳榔嶼期間共有三次，包括8月3日下午，應檳榔嶼閩粵兩省華僑紳商之邀，前往平章會館赴宴並發表演說。[⋯]在此次演說，康有為大談愛國、競爭、合群思想，得到場聽眾皆鼓掌喝彩，後在聽眾的恭送之下，乃登車離去。」[17]8月11日康有為還曾到英國大學堂（即檳城大英義學，Penang Free School）參觀，「看見一堂濟濟，盡是黃炎華胄，

---

[15]《鶴山極樂寺誌》卷三，〈石刻〉條下誌有：「勿忘故國」，「光緒廿九年（1903年）癸卯夏六月康有為書」之載文。華按：上述康有為石刻墨跡，目前尚存於檳城黑水鄉（Ayer Itam）極樂寺。

[16]原文摘錄如下：康南海先生到嶼，閩粵人士紛紛請見，車馬塞門，戶限為穿。[⋯]道過街市，觀者相望，所過如堵牆，人爭排擁在前，以求望見，其在內者，則相呼奔走而出，蓋亦欣慕之至矣。【《檳城新報》（1903.7.24）】

[17]參閱張克宏著前揭書，第三章〈環球之旅前的新馬之居（1903.7-1904.5）〉，2006年，頁64-65，67，69。

心下很是高興，因問諸生道：你們哪個知道，當今的皇帝是哪個？全體學生瞠目不知所對，忽一十歲光景的學生囁嚅地答道：『是光緒皇帝。』康有為大喜，立刻賞他五枚銀元。」而此人即是後來被譽為「大馬最早的華教鬥士」之鍾樂臣。[18]

繼檳榔嶼之後，他前往（霹靂）巴羅、金堡，吉隆坡，道經新加坡啟程前往印尼巴城（巴達維亞，即今印尼首都雅加達）遊歷。9月4日晨，康有為抵達巴城，該埠華人非常興奮，數千人沿岸恭迎。同在檳榔嶼等地一樣，康有為在巴城也是終日應邀赴宴，或考察工廠，或遊視學堂演說，號召同胞愛國、合群。結束印尼的遊歷考察之後，康又取道新加坡，經暹羅、越南，十月回到香港。至此，康有為結束了他在新馬的第二次旅居生活。與前次相比，康有為此次居住的時間較為短暫（1903.7-1903.10），特別是在新加坡，更是稍事停留便匆匆離去。但張克宏認為：「與前次相比，康有為此次新馬之居不僅對其自身，而且對新馬乃至南洋華僑社會都有重要意義。［…］他在遊歷各地時的精彩演說，擴大了他在華僑社會的影響，提高了他在華僑心目中的地位，並對南洋保皇會黨勢力產生了重要的推動作用。廣大華僑有機會親眼目睹他們心目中的

---

[18] 鍾樂臣（1888-1930），大埔人，生長於檳城。樂臣幼肄業於大英義學，夜則由其父課之讀中文。15歲歸故里從名師攻古文，文藝猛進。因念僑生子弟只通洋文，不諳中學，乃開設中文補習班取名「輔友社」，自任義務教師，甚著成績。1920年，殖民地政府頒佈註冊條例，僑眾大嘩，群向政府請願無效。鍾氏充任華僑代表赴英國交涉不果，卒被遣出境。1930年由檳返中國，不久卒，年四十有二。【參閱鄺國祥著《檳城散記》〈鍾樂臣先生的生平〉，新加坡：星洲世界書局有限公司印行，1958年，頁127。】

『聖人』，並且聆聽了『聖人』的訓導。康在他們心目中的形象變得更加高大，其地位也越加鞏固。更重要的是：康有為極富『煽動性』地鼓吹『愛國』、『忠君』、『合群』、『競爭』等思想的宣傳，[19]使廣大華僑的愛國忠君熱情益發高漲；同時對新馬華僑產生了一定的凝聚作用。無形中，阻撓了孫中山為首的革命派勢力在南洋的建立和發展，或者至少可以說對孫中山革命派在南洋的立足產生了一定程度的阻礙作用，也稍事延緩了華僑革命思想的覺醒」。[20]

高偉濃亦指出：康有為在他的海外行踪中，形成了頗具康氏特色富有魅力的演說風格。他最成功的一點是把「保皇」與「救國」緊密結合在一起。他本人因戊戌變法失敗後被迫流亡海外，正擔負著組織保皇會以「救聖主」（即被慈禧太后幽禁的光緒皇帝）。要「救聖主」就要同胞積極入會，出錢出力，以「保皇救國」。他號召海外華僑「聯絡並起，以自救其家，否則將來無國可歸矣」。為了爭取華僑的支持，康有為與保皇黨人刻意模糊保皇與革命的界線（大肆宣傳保皇會是個「名為保皇，實則革命」的組織），以拉攏那些態度曖昧尚徘於「保皇」與「革命」之間的持中間立場的華僑。高偉濃據此認為：「客觀地看，其效果也是甚佳的。」[21]

---

[19] 有關康有為在新馬的演說內容詳情，請參閱張克宏著前揭書，第九章〈康有為在新馬之演說研究〉，2006年，頁227-248。
[20] 參閱張克宏著前揭書，第三章〈環球之旅前的新馬之居（1903.7-1904.5），2006年，頁75。
[21] 參閱高偉濃著《二十世紀初康有為保皇會在美國華僑社會中的活動》，北京：學苑出版社，2009年，頁406-408。

1908年（自1904年四年多過後），康有為第四次來到檳城。不過，此次康有為已沒有再受到海峽殖民地政府的保護，他也不再寄居檳榔嶼總督署內，而是寓居住檳城華僑王忠漢家中（的「南蘭堂」）。作為一個流亡者，康對祖國的前途與命運感到擔憂；他的愛國思想乃發自內心深處。他的愛國還同他的愛皇（光緒皇帝）緊密聯繫在一起。他自謂受知受遇於光緒皇帝，因而報答及輔佐光緒皇帝重新柄政乃其終身偉業。他時常眷念著光緒皇帝，每想到光緒還身陷囹圄便不禁黯然神傷。但張克宏認為：「康在海外數年來痴心建立的保皇會無疑是為了保救光緒皇帝而設。然而，正當他的保皇活動開展得如火如荼時，光緒皇帝突然（於1908年11月14日）駕崩。這無疑對他的打擊非常巨大，康也因為眷念先帝而時常情緒低落」。康有為第四次寓居檳城僅五個月左右便又離開。康同璧在《康南海先生年譜續編》中稱康有為是因為在檳城常小病，故思再遠赴歐美遊歷。[…]自1908年10月，亦即康有為第四次寓居檳城起，他以後每次來到檳城都居住在「南蘭堂」。[22]

　　久居異鄉的康有為，對其流亡生活感到極度無奈與神傷。於是，他極思早日離開此地。不久，這個願望便告實現了。他於1910年8月18日乘船經過丹將敦島（此乃他於1900年7月26日來此避難的地方），不禁感慨萬千。翌日，他便抵達新

---

[22] 參閱張克宏著前揭書，第四章〈環球之旅後的新馬之居（1908.10-1911.5）〉，2006年，頁88-90，93。

加坡。從此，康有為便沒有來過馬來亞土地。張克宏指出：
「從1900年7月至1910年8月，康有為先後七次踏上馬來亞土
地，雖然每次寓居時間長短不一，但其生活方式及內容卻相差
無幾。七度馬來亞的流亡歲月，既讓康有為充滿歡娛，又讓他
飽嚐了事業不成與生活無助的創傷。離開馬來亞，康有為離回
歸故國的腳步又加速了一程」。[23]1911年5月8日，康有為告別
新加坡，返港省母，並於6月7日重遊日本，與其弟子梁啟超會
面。至此，康有為結束了他在新加坡的第七次，也是最後一次
在新加坡的避難生涯，更就此結束了他在新、馬的亡命歲月。

## 清廷眼中的康、梁與孫中山

　　霍啟昌指出：「百日維新失敗後，康有為立刻逃到香
港，嘗試在此建立基地繼續抗拒慈禧政權。康這次訪港引致有
權勢的西化華人在英報紙展開一場論戰，決定是否應支持康梁
的保皇派。這場論辯反映出支持康的西化華人勢力很大，尤其
是為首的何東，不但在香港社會德高望重而且富甲天下。可是
亦有不少西化華人無情地攻擊康，指出他的嚴重過失，對他作
為領導的形象有一定的創傷。」霍氏續稱：「康有為離開香港

---

[23] 1911年5月8日，康有為告別新加坡、返港省母，並於6月7日重遊日本，與其弟
子梁啓超會面。至此，康有為結束了他在新加坡的第七次，也是最後一次在新加
坡的避難生涯，更就此結束了他在新、馬的亡命歲月。【參閱張克宏著前揭書，
第四章〈環球之旅後的新馬之居（1908.10-1911.5）〉，2006年，頁95-96，
100。】

而赴日本避難的原因不很清楚，但他很快又於1899年11月1日回到香港。在康前一次逗留香港期間，清政府並沒有對英國當局庇護康提出任何抗議。但時隔一年，由於海外華人對保皇會的支持日趨升級，清廷開始認為康有為比孫中山更加危險。由於情況起了變化，清政府開始通過外交途徑反對香港英政府給予康有為政治庇護。」而孫文則自乙未起義失敗即被港英政府驅逐出境，清政府亦以「逆賊」名義追緝之。[24]

桑兵指出：「不少反清志士走上革命道路時，主要是從梁啟超那裡獲得精神動力，而不是受革命黨的鼓動影響。他們不僅視梁啟超為同黨，甚至奉為旗幟。統治者的決策使這種傾向得到加強。清政府並未將保皇、革命兩派區別對待，雙方的領袖均被指為**叛賊逋犯**。1903年，清廷擬大赦天下，惟康有為、梁啟超與孫中山例外，就是明證。儘管兩派分歧摩擦幾乎從一開始就存在，但發展到勢不兩立的公開對抗，並產生廣泛影響，則經歷了一個演變過程」。而孫文則自乙未起義失敗後即被港英政府驅逐出境，清政府以「逆賊」名義追緝之。[25]

在新加坡任期不滿兩年（1906.1.13-1907.10.21）的清代中國駐新總領事孫士鼎於離任回國前幾個月針對孫中山領導的同盟會在東南亞各地積極開展活動，為在東南沿海地區舉行武

---

[24] 參閱霍啓昌著《港澳檔案中的辛亥革命》，香港：商務印書館，2011年，頁62，64-66。

[25] 例如：1899年底，康有為命梁啓超到檀香山，把許多興中會員拉進保皇會，致使那裡「保皇會得力之人，大半皆中山舊黨」，興中會的策源之地，竟成了保皇派的陣地等是。參閱桑兵著《清末新知識界的社團與活動》第5章〈早期留日學生社團與活動〉，北京：生活·讀書·新知三聯書店，1995年，頁171-172。

裝起義而籌集經費事，曾先後兩次向清廷報告了有關情況。1907年6月，孫士鼎電告兩廣總督「探聞孫汶有回華作亂之謠」。[26]1907年9月又報，「聞孫汶在南洋各島售賣軍務票數百萬張，收銀一元，功成還本息十元字樣，以荷屬各埠及英屬霹靂、吉隆坡為多。**該逆**派黨人鄧子瑜乘日郵船回港，並聞在南洋一帶召黨人回港圖謀舉事。」1907年9月23日軍機處為此致電駐英使臣汪大燮、駐荷使臣陸徵祥：「**該逆**在南洋各埠售賣軍務債票，亟應設法禁止解散，以免煽惑而保公安。希即向英國、和國外部切實商辦，並電覆。」[27]上引清廷文書當中均以「該逆」（賊／黨）稱呼孫中山，並致電命令駐各國使臣亟應「設法禁止解散」。

再以清駐英大使李經方[28]飭檳領事戴欣然[29]的《剳子》

---

[26] 軍機處檔，電報檔案：兩廣總督周馥為將孫中山等逐出香港事致外務部電，光緒三十三年四月二十四日。

[27] 軍機處檔，電報檔案：軍機處為設法制止孫中山在南洋發軍務債票事給駐英大臣汪大燮、駐荷使臣陸徵祥電，光緒三十三年八月十六日。

[28] 李經方（1855-1934）字伯行、端甫，安徽合肥人。光緒十六年（1890）任駐日公使，二十一年3月擔任中日議和使團的成員之一。議和事項本由李鴻章負責，但李鴻章在日遇刺受傷後，清廷即改派李經方為欽差大臣，接手談判事宜。光緒三十一年出任商約大臣，三十三年至三十六年間出任駐英大臣。【參閱吳密察監修、遠流台灣館編著《台灣史小事典》，台北市：遠流出版公司，2000年，頁97。】

[29] 戴欣然（1849-1919），廣東大埔人，名春榮，號喜雲。少時家貧，年二十四隻身南來檳榔嶼，以小販為生，碌碌無所建樹。公不得志於檳榔嶼，去而之太平，與藥店主人稔熟兼任其書記。後藥店主人以營業失敗棄去，公承頂其業，啟號杏春堂，由是自立門戶，時年三十有六。適逢時會，藥業大張，遂分設支店於檳城、怡保，並兼營當店等業，不二十年間，遂富逾陶朱。公富而好善，興學育才，尤為中外人士所推崇。光緒三十三丁未，駐英李公使委公為檳榔嶼領事。宣統辛亥，擢升新加坡總領事。民國八年卒於本嶼，年七十一。【參閱鄺國祥著

為例：李經方嘗於光緒三十四年（1908）十二月十六日發出的《剳子》，即含「**孫康兩逆**，伏匿外洋，專向日本、新加坡、庇能、澳洲、印度、南斐洲、檀香山、美洲各等處華僑，佈謠蠱惑，斂財自肥，分給黨羽，來華滋事，桂滇邊亂，均有該逆黨在內」云云之內容。從上引諸句明顯看出，遲至1908年清廷仍視革命與保皇兩派的領袖——孫、康，為「叛賊逋犯」，行文勅令各地領事館密探和向朝廷匯報有關「兩逆」在海外的行踪，及彼等於海外僑社所進行的活動。

該《剳子》提醒戴欣然身為駐檳城領事對此任務責無旁貸，命其「隨時派員與華僑商董，推誠聯絡，將該逆造謠煽惑各節，盡情報告，力破奸謀，務使華僑曉然於利害是非，不再資助逆黨。」[30]

雖然，誠如鄺國祥指出：「戴欣然下列覆文，把孫康兩人在本城（指檳榔嶼）活動的狀況隱飾無遺。按諸實際情形，當時兩黨人士正在檳城各樹一幟，常相摩擦，尤其是革命黨人活動的情狀，更為熱烈[…]。」[31]一些海外領事對清廷之飭令陽奉陰違情況，由此可見一斑。

---

《檳城散記》〈清代駐檳領事外傳〉，新加坡：星洲世界書局有限公司印行，1958年，頁94-95。】

[30] 該《剳子》原文見鄺國祥著《檳城散記》〈清政府行文檳領密探孫康〉，新加坡：星洲世界書局有限公司印行，1958年，頁131。

[31] 參閱鄺國祥著前揭書，1958年，頁134。

# 第六章　檳榔嶼（檳城）華僑與孫中山

　　根據張少寬：孫中山先後前來檳城，共有五次。[1]1905年，孫中山在東京宣揚革命，為日政府所逐。於是偕同黃興、胡漢民等乘船來南洋，經新加坡而吉隆坡，得邱姓僑商介紹前來檳城，寓小蘭亭俱樂部，欲訪某資本家匿而不見。幸得以認識兩位家道殷實的閩商吳世榮（漳州海澄人）及黃金慶（泉州廈門人），[2]聞總理（指孫中山）言論，大為佩服。孫離開檳城時，吳、黃二氏特為相餞，並廣招小蘭亭俱樂部社友，及嶼中數熱心家陪席。酒酣時，孫中山受邀而起演講三民主義，及「滿虜不去，吾國必亡」諸理由。其中，有閩商陳新政、邱明昶等最為佩服；餘皆搖首咋舌，目為反王，譏為無父無君，且有避席而去者。[3]

---

[1] 參閱張少寬著《孫中山與庇能會議：策動廣州三、二九之役》，檳城：南洋田野研究室，2004年，頁12-15。又，黃賢強引述蔣介永敬編《華僑開國革命史料》，說明也有認為孫中山只訪問檳城3次之說，分別是1906年夏天，1908年10月和1910年秋冬。參閱黃賢強〈孫中山在檳城的革命團體及其活動模式〉，黃賢強著《跨域史學：近代中國與南洋華人研究的新視野》第十章，廈門大學出版社，2008年，頁182，註釋1。

[2] 此二人就是後來資助孫中山革命事業最力，甚至傾家蕩產的檳城僑界表率人物。

[3] 參閱張少寬前揭書，2004年，頁12-15。又，參閱陳新政《華僑革命史》，輯入張少寬前揭書下篇〈附錄〉，頁201-236。

1906年，孫中山偕黃興（1874-1916）、胡漢民（1879-1936）、汪精衛（1883-1944）、李竹痴等自安南前來檳城，大事鼓吹革命，特借用平章會館開演說大會。孫、黃、胡、李都在會上發表偉論。[4] 翌年，黃岡、惠州、防城及鎮南關起義相繼失敗，本嶼吳、黃等借三角田林紫霧別墅為招待所，一面鼓吹革命籌款，一面籌組檳城閱書報社，由汪精衛起草該社章程。而閱書報社中英文名字「檳城閱書報社」（The Philomathic Union of Penang），乃由孫中山所手定，時為光緒三十四（1908）年。

1910年，廣州新軍起義失敗，孫中山自美國東渡，不容於日本政府，已無立足之地，遂於同年7月19日抵達檳城。其姜室陳粹芬隨後於8月初亦抵達檳城與他團聚。同年9月，長兄孫眉被香港政府驅逐出境，只好把孫在香港的家眷們（盧夫人及兩位女公子）一起帶往避居檳城柑仔園門牌404號家屬寓所。一家五口日常生活費用由檳城閱書報社的11位社員共同負責，即：陳新政、黃金慶、吳世榮、邱明昶、熊玉珊、潘奕源、邱開瑞、柯清倬、陳述齋、謝逸橋及陸文輝。每月開支約叻幣一百二、三十元。[5]

---

[4] 據雷鳴：汪是演講的「台柱」。當他還未到場時，全場已座無虛席。當他踏上講台時，「滿堂即鴉雀無聲」，「每逢講至精彩熱烈處，掌聲如雷而起」。「……謂南洋華僑之覺醒，實出於汪君之力，亦不為誣也。」【見《汪精衛先生傳》，南京：政治月刊社，1944年，頁42，45】。轉引自李志毓著《驚弦：汪精衛的政治生涯》，香港：Oxford University Press，2014年，頁260。

[5] 張少寬著《孫中山與庇能會議：策動廣州329之役》，檳城：南洋田野研究室，2004年，頁13。

是年秋，召集同盟會重要親信，包括：趙聲、黃興、胡漢民、孫德彰（即孫眉），於柑仔園門牌400號開會，此即史家所謂1910年11月13日（農曆十月十二日）關係重大的「檳城會議」。[6]出席會議的檳城同盟會總支部代表有：吳世榮、黃金慶、熊玉珊、林世安，怡保分會代表李孝章，芙蓉分會代表鄧澤如，及婆羅洲坤甸代表李義俠等。這次的會議，新加坡、吉隆坡等地則未受邀出席。[7]

　　南洋總機構部委員楊漢翔於其所撰〈紀總理庚戌在檳城關於籌劃辛亥廣州舉義之演說〉一文對當日會議的場景與經歷作出了詳盡的記錄，頗具歷史價值。為了保存文獻，茲將全文迻錄於下：

　　　　庚戌總理（華按：即孫中山）由美洲至檳城召集黃克強、趙伯先、胡漢民及各埠同志籌商大舉，各人應召，先後蒞止。總理遂於10月12日在柑仔園404號（原按：即當時總理所寓）開秘密會議。出席者有黃克強（興）、趙伯先（聲）、孫壽屏（按：即孫眉號）、胡漢民（展堂）及檳城代表吳世榮、黃金慶、熊玉珊、林

---

[6] 次年（1911年）3月29日的「黃花崗之役」，即策動於此。從此，改變了中國的命運。

[7] 張少寬引述陳新政〈華僑革命史〉指出：兩天後，即1910年11月15日（農曆十月十四日），「孫中山乃召集諸同志，在檳城打銅街120號門牌本社開會（原註：時本社（即檳城閱書報社）自柑仔園遷此）」。是此會議，乃有別於兩天前於孫中山辦公所（柑仔園門牌400號）召開的「檳城會議」（又稱「庇能會議」）。【參引自張少寬著《孫中山與庇能會議：策動廣州329之役》2004年，頁27-28。】

世安，怡保代表李孝章，芙蓉代表鄧澤如等。總理極力激勵諸同志謂：「現在因新軍之失敗，一般清吏自以為吾黨必不敢輕於再試，可以高枕無憂，防禦必疏。至新軍之失敗，雖屬不幸，然因此影響於軍界最巨。吾黨同志，果能鼓其勇氣，乘此良機，重謀大舉，則克服廣州易於反掌。如廣州已得，吾黨既有此絕好之根據地，以後發展更不難着着進行矣。且此次再舉，亦遠非前此歷次之失敗可比，因曩者多未有充分之籌備，每於倉猝起事所致。今既有先事之計劃，當然較有把握，可操勝算。但諸同志疑慮莫決者，乃在於餉械之無著；不知現在因吾黨歷次之舉義與海外各埠同志竭力之宣傳，革命精神早已瀰漫南洋群島中，只怕吾人無勇氣，無方法，以避免居留政府之干涉，以致貽誤事機。今吾人則以教捐義捐之名目出之，可保無虞也。」諸同志聞總理一席言，均大加奮發，咸認為事有可為，於是一致贊成，並分發捐冊於各埠分部。[8]

　　總理經秘密會議通過後，因趙伯先（聲）[9]之急於

---

[8] 庇能會議最終議決仍由廣州起義，500名革命黨人被徵為「選鋒隊」（即敢死隊），並由數月前投向革命黨的廣東新軍再次起事。會議也設定了籌款目標，分別為英屬馬來亞叻幣5萬元、荷屬東印度叻幣5萬元、暹羅和法屬印度支那各叻幣3萬元，總目標為叻幣13萬元，或至少叻幣10萬元。為了避免殖民地政府的干涉，籌款活動以「教育義捐」名義進行。【引自邱思妮著、陳耀宗譯《孫中山在檳榔嶼》，檳城：Areca Books，2010年，頁51。】

[9] 趙聲，字伯先，傑出軍事戰略家。原為新軍標統，後率領新軍投入革命陣營。檳榔嶼緊急會議之後，他立即攜款返回香港以穩住新軍陣腳。1911年1月18日，屬軍事性質的香港統籌部成立，以策劃起義，由黃興與趙聲分任正副部長。另設軍

返廣州佈置，需款孔亟，[10]乃約檳城同志，召集緊急會議，訂期在打銅街120號（原按：檳城閱書報社）重開秘密會議，檳城同志亦甚踴躍赴會。時總理親臨會場，先向諸同志作極謙遜之辭曰：「余每次會晤同志諸君，別無他故，輒以勸諸同志捐錢為事，第余以吾黨屢蹶，深不自安故，對諸同志甚覺抱歉。惟念際此列強環伺，滿廷昏庸之秋，苟不及早圖之，將恐國亡無日，時機之急迫，大有朝不保夕之概。且吾黨春初廣州新軍之失敗，雖屬不幸之事，然革命種子，早已藉此而佈滿於南北軍界。因新軍中不乏深明世界潮流之同志，業極端讚成吾黨之主義，在今日表面上視之固為滿廷之軍隊，若於實際察之，誠無異吾黨之勁旅，一待時機成熟，當然倒戈相向，而為吾黨效力。是以諸同志咸認為絕好良機，光復大業，在此一舉，固將盡傾吾黨人才物力以赴之也。吾適間所云，每晤同志諸君，輒以勸捐為事，

---

事指揮部，趙聲被選為總指揮。負責策劃起義的黃興與趙聲，先後去函東京及各省同志，發出動員齊集香港之號召，並派員分赴各地購運軍火至港備用。據陳新政：趙聲為第二次廣州起義失敗之憤張，五臟慘裂，致腹中發瘡，延西醫解剖，詎意藥石無靈，齎恨以歿，諸同志乃為治衾槨葬於香港，題其墓碑曰「天香主人」。【引自陳新政〈華僑革命史〉，2004年，頁213。又，參閱李金強著《中山先生與港澳》》（中山學術文化基金會叢書），台北市：秀威資訊科技股份有限公司，2012年，頁196。】

[10] 由於軍事領袖趙聲急需攜款返回香港以為起義作準備，於是庇能會議次日即1910年11月14日（部分史家認為開會日期當在1910年11月15日），革命黨人在南洋總機構部召開了另一次緊急會議。會議由孫中山親自主持。他在會上「聲淚俱下」的發表動人演說，呼籲諸同志傾力支援。【引自邱思妮著、陳耀宗譯《孫中山在檳榔嶼》，檳城：Areca Books，2010年，頁52。】

雖予亦極不願對同志諸君每有斯求，但念此等責任，除我明達之同志外，又將向誰人求之？是以雖欲避免，實不可得。蓋海外同志捐錢，國內同志捐命，共肩救國之責任是也。總而言之，捐款之義務，諸同志責無旁貸，此應請同志諸君原諒予之勤勉之苦衷，仍當踴躍輸將，以助成此最後一著者也。設天不祚漢，吾黨此舉復遭失敗，則予當無下次再擾諸同志，再向諸同志捐錢矣。倘或仍能生存，亦無面目見江東父老矣。是則此後之未竟革命事業，亦惟有賴之同志諸君一肩擔起矣。總之吾黨無論如何險阻，破斧沉舟，成敗利鈍，實在此一舉，而予言亦盡於此」云云。總理作此極沉痛悲憤之辭，言時聲淚俱下，諸同志大為感動。時諸同志雖處於經濟困難地位，然互相勉勵，竭力捐款，當場籌得八千餘元，實總理之精誠有以致之也。[11]

孫中山將第二次廣州起義形容為「破斧沉舟」之戰，「成敗利鈍，實在此一舉」。他的演說令諸同志大為感動。檳榔嶼革命支持者的捐款後來增加至叻幣11,500元，佔新馬捐款總額約四分之一。邱思妮認為：「若考慮到當時檳榔嶼諸同志也同時負擔著南洋總機構部和孫中山一家的開銷（華按：說詳

---

[11] 轉錄自丘全政、杜春和選編《辛亥革命史料選輯‧續編》，長沙市：湖南人民出版社，1983年，頁101-103。【華按：原載《建國月刊》第3卷第1期，1930年5月出版。】

見下文），這筆款項的意義更為非凡」。[12]

　　孫中山於1910年12月離開後，其家眷仍留在檳榔嶼直至1912年初。這期間孫家的生活費仍由孫中山友人接濟。1911年7月18日，孫在給身在暹羅的同志鄧澤如[13]的信裡寫道：

> 弟家人住榔，家費向由榔城同志醵資供給，每月百元。自弟離榔之後，兩女讀書，家人多病，醫療之費，常有不給，故前後兩次，向港部請撥公款，然此殊屬非宜，實不得已也。自港款撥後，則無向榔城同志取費，蓋每月由金慶君散向同志收集，亦殊非易事，常有過期收不齊者，此亦長貧難顧之實情也。……敢請兄於榔城外之各埠，邀合著實同志十餘二十人，每月每人任五元或十元，按月協助家費，以抒弟內顧之憂，而減榔城同志之擔任（負）。以榔城同志之供給已過半載，未免疲勞，倘兄與他埠同志能分擔，實為至感。[14]

　　孫中山家眷寄寓檳城期間，檳榔嶼同志黃金慶等長期擔負起沉重之孫家生活費，令中山先生於心不忍，遂有上述致鄧

---

[12] 引自邱思妮著、陳耀宗譯《孫中山在檳榔嶼》，檳城：Areca Books，2010年，頁52。

[13] （森美蘭）瓜拉庇勞同盟會分會會長鄧澤如，是孫中山在英屬馬來亞的重要支持者。他不僅傾家蕩產、竭盡所能支持革命，而且到處奔走呼籲為孫勸捐募款，成為名副其實的革命運動「籌款機」。

[14] 轉引自邱思妮著《孫中山在檳榔嶼》中譯本，檳城：Areca Books，2010年，頁86-87。

澤如信函，着其向他埠革命同志求助支援，以度過難關。

顏清湟認為：孫中山之所以把獻金籌款的任務分配給華僑，不僅是因為他們一般上比國內的同胞富有，同時也是因為他們對革命所知甚少。孫先生有一次直言不諱地對陳楚楠說：「華僑對革命黨認識少之又少，他們對革命最有效的貢獻莫過於捐款。」他引述（孫中山〈同志共負革命救國之責任〉，張其昀編《國父全書》，台北：國防研究院，1966，頁482-483），孫於1911年4月在檳榔嶼向其支持者發表公開演講時，亦重複同樣的看法（即「海外同志捐錢，國內同志捐命，共肩救國之責任」云云），以證實其上述看法。[15]

辛亥武昌起義之後，孫中山乃由英國乘船返回中國時途經檳城，是為孫氏第五次訪檳城。孫自美國返英的目的，乃運動英國政府以便：停止清廷借款；制止日本助清及取消英屬殖民地放逐令，以便他取道回國。此次途經檳城，他受到英政府的保護甚力，有如對待他國領袖一樣。[16]

[15] 顏清湟〈新加坡與新馬華人（1900-1911）〉，顏清湟著《從歷史角度看海外華人社會變革》，新加坡：青年書局，2006年，頁250。

[16] 張少寬著《孫中山與庇能會議：策動廣州329之役》，檳城：南洋田野研究室，2004年，頁12-14。又，參閱許生理〈本社史略〉，《檳城閱書報社三十週年紀念特刊》，檳城：檳城閱書報社，1938年，第甲頁1-2。邱思妮著《孫中山在檳榔嶼》中譯本，檳城：Areca Books，2010年，頁84。

# 第七章　檳城同盟會分會、閱書報社和光華日報社三大革命團體的關係[1]

　　孫中山在辛亥革命運動過程中，曾多次到訪檳城。在這幾次訪問中，促成了三個革命團體的成立，分別是：1906年成立的中國同盟會檳城分會、1908年創立的檳城閱書報社，以及1910年創辦的光華日報社。

## 一、同盟會檳城分會

　　檳城三大革命團體中最早成立的是檳榔嶼同盟會分會。1905年孫中山於東京成立中國同盟會後，便積極在世界各地華人聚集之處成立分會，以匯集革命的力量。1906年4月與7月，孫中山曾兩度親抵新加坡於晚晴園主持同盟會新加坡分會的成立儀式，並將新加坡作為同盟會南洋支部的總機關。隨後北上馬來半島各地，在吉隆坡等地成立分會，但孫中山此行因故未

---

[1] 本文於此節之內容，多處參閱及徵引了黃賢強教授的大作〈孫中山在檳城的革命團體及其活動模式〉一文，非敢掠人之美，特此聲明並表達崇高的謝意。【按：該文被輯入黃賢強著《跨域史學：近代中國與南洋華人研究的新視野》第十章，廈門大學出版社，2008年，頁182-195。】

到達檳城，乃委派新加坡分會的負責人陳楚楠和林義順持其介紹函赴檳會晤當地華商吳世榮。吳氏與陳、林一見如故，又見孫中山手函，更加振奮，便召集友人黃金慶等人開會，討論成立分會事宜。[2]

據中國國民黨史料，陳楚楠、林義順前來檳城組織同盟會分會時，加盟者包括：吳世榮、黃金慶、辜立亭、陳新政、陳民情、林志誠、邱明昶、徐洋溢、呂毓甫、薛木本、王壽蘭、丘有美、林福全、林世安、丘文紹、潘奕源、丘能言、鄭玉指、徐宗漢、陳璧君、王德清、熊玉珊等，並公舉吳世榮為正會長，黃金慶為副會長。[3]

據陳新政，「凡入黨者，須有熟識同志介紹，在主盟人面前，舉手發誓，簽號盟約，乃將盟約付去東京機關部註冊，發還號數，以作證據」。盟約式如下：

> 聯盟人某省某府某縣某人，現年某歲，當天發誓，同心協力，驅除韃虜（後改為：驅除韃虜清朝），恢復中華，創立民國（後改為：創立中華民國），平均地權（後改為：實行民生主義），有始有卒，矢信矢忠，如有渝此，任眾處罰。
>
> 末署年、月、日，介紹人、主盟人、聯盟人。

---

[2] 陳錫祺主編《孫中山年譜長編》上冊，北京：中華書局，1991年，頁375。

[3] 中國國民黨中央委員會第三組編《中國國民黨在海外》上篇，台北：中國國民黨中央委員會，1961年，頁110。轉引自黃賢強前揭文〈孫中山在檳城的革命團體及其活動模式〉，2008年，頁183。

「（同盟會）不收會費與基金，會中設有口號，以證同黨，如問何事何物何人，皆以中華答之；行握手禮，以四指交對緊握，則知為同黨中人矣」。[4]

同盟會檳城分會成立後，「當地華僑，經革命黨努力宣傳之後，會務更為發展。到了民國紀元前三年（1909年），新加坡同盟會支部因環境關係（華按：說詳見下節），遷往庇能（檳城），庇能遂成為革命的中心。民國紀元前二年七月，總理親赴庇能，居柑仔園，會務更盛。汪精衛、黃復生等炸載灃失敗被捕入獄，同志即在庇能設法營救，捐款數千元為營救費用。其後3月29日廣州黃花崗之役，也是在庇能發動的。」[5]

黃賢強指出：同盟會檳城分會成立後有兩件事最引人注目，一是1909年取代新加坡，成為同盟會南洋支部的所在地；二是1910年11月孫中山親自在檳城召開的「庇能會議」，策劃次年在廣州的起義。同盟會在檳城的活動和發展並非順利無阻，主要是因為「清廷早在1983年起在檳城設有副領事。（由於）反清活動在當時與造反無異，一般華商和僑民都有不少顧忌。其次，保皇派的康有為等人於1900年開始在檳城積極活動，其保皇派的政治思想和宣傳也影響當地一部分的華人，對革命派的運動造成一定的阻力。其三，英殖民地政府對可能擾亂社會治安的外來政治活動特別留意，並作適當的警戒。因

---

[4] 引自陳新政〈華僑革命史〉，張少寬著《孫中山與庇能會議：策動廣州329之役．附錄》，檳城：南洋田野研究室，2004年，頁206-207。

[5] 同上揭書《中國國民黨在海外》上篇，1961年，頁110。

此，檳城同盟會的活動基本上是非公開的；而公開的活動則由檳城閱書報社來進行。[6]

## 二、檳城閱書報社[7]

陳新政指出：檳城閱書報社，就是孫中山當日初到檳城時，在此「說頭一句革命，受人白眼之所」的小蘭亭俱樂部。後來，該俱樂部被檳城閱書報社購置作為其社所。[8]

鑑於星、馬華僑社會內識字人數只佔很小的比率，而此很小比率的識字華人，也未必有能力購買書刊；因此，如何將革命思想傳播給這類人和其他完全不能閱讀的勞苦大眾，這確是一項亟待解決的問題。但星、馬革命派發現了一項克服困難的方法——即建立半革命性質的書報社。書報社除了提供免費讀物，也不時舉辦公開性的演說。其表面目的雖然宣稱是啟蒙華人大眾的知識，實際則在散播革命思想，爭取中層和下層社會份子支持革命。[9]

---

[6] 黃賢強前文〈孫中山在檳城的革命團體及其活動模式〉，2008年，頁183-184。

[7] 檳城閱書報社位處中路之現址，其建築前乃邱漢陽擁有之產業。氏為建德堂（即大伯公會）大哥邱天德之哲嗣；經同盟會會員王德清介紹，終以二萬五千元脫手該建築充當檳城閱書報社會所。目前，該建築經改為檳城孫中山紀念館。【參閱張少寬著《檳榔嶼華人史話》，吉隆坡：燧人氏事業有限公司，2002年，頁227。】

[8] 陳新政撰〈華僑革命史〉，附錄於張少寬著《孫中山與庇能會議：策動廣州329之役》，檳城：南洋田野研究室，2004年，頁201-237。華按：本文為陳新政於民國十年（1921）在檳城閱書報社之講稿。

[9] 參閱顏清湟著上揭書中譯本，1982年，頁138-140。

黃賢強指出：同盟會為革命的總機關，因顧忌到殖民地特殊政治環境因素而無法公開活動，必須成立閱書報社以作掩護。在中山先生指示下，英屬南洋各地的革命黨的會務「有分會設立的，則以分會為中心，但其中以書報社為中心的亦屬不少，且多以書報社做宣傳工作，因此當時書報社設立至多，吸引革命志士亦眾，故有書報社設立的地方，即表示已有革命勢力的分佈」。[10]與此同時，透過結合閱書報社與夜校教育，革命黨達致效果頗佳的革命思想宣傳。

考慮到南洋地區因政治環境和人口組成等特殊因素，孫中山乃施行與他處（尤其是日本）不太相同的革命宣傳和動員策略。一來，英殖民地政府不允許其轄下的新加坡和檳城有公開反滿清的活動和組織，除了會引起滿清政府的抗議外，最主要的是擔心反清活動失控，造成當地社會動盪不安。二來，南洋華人除了少數知識分子和一些富商外，大部分是不識字的勞工，必須採取有針對性的宣傳策略，才能將革命訊息傳達給他們。[11]

有感於當時的華人社會普遍上仍無法接受激烈的排滿言論，孫中山認為有必要設立檳城閱書報社以負起教育民眾之重任，與此同時也可藉以掩護同盟會的活動。書報社的籌備會議於1908年在吳世榮擁有的瑞福園召開，由吳世榮召集和主持。到會者計有：黃金慶、汪精衛、熊玉珊、謝殿秋、薛楠、陳新

---

[10] 同上揭書《中國國民黨在海外》上篇，1961年，頁110-111。
[11] 參閱黃賢強前揭文〈孫中山與辛亥革命——南洋革命運動的歷史脈絡（1900-1925）〉，2012年，頁49。

第七章　檳城同盟會分會、閱書報社和光華日報社三大革命團體的關係

政、邱明昶、楊漢翔、許致雲、林紫盛、陳璧君、衛月朗、歐聘珍、沈瑞意、陳夢齡等20餘人。吳宣布開會理由謂:「承孫總理面命,創辦《光華日報》與設立書報社二端。茲日報因錫價跌落,未能實現;書報社籌備,萬不可緩云云」,眾一致讚成。籌備會議過後,吳等人著手向英殖民地官員申請註冊,卻久不獲準。1908年12月6日(農曆十一月十三日)假平章會館召開華僑大會,宣布開辦檳城閱書報社。為了方便查閱,茲將當日召開華僑大會之傳單(含發起人和贊成人名單)逐錄於下:

> 本月十三日,禮拜上午十二點,在平章會館集議,開辦檳城閱書報社,業經請準華民政務司,屆期務望熱心公益之同志,玉臨賜教,有厚望焉,謹此奉覽。
>
> 發起人:吳世榮、黃金慶、陳新政、邱明昶、楊彩霞、熊玉珊、陳夢齡、丘開端、丘兆熙、饒純齋、李慕參、林紫盛、林挺生、裕生春、薛南、黃奕坤、李公劍、鄧兆侶、沈瑞意、古偉堂、林建春、岑憲臻、林和財、張偉、楊如金。
>
> 贊成人:梁從雲、林貽博、宋煊發、饒集蓉、陳瑞東、張顯辰、李鳳苞、曾集棠、陳文波。
>
> 戊申十一月十一日傳單[12]

---

[12] 逐錄自陳新政撰〈華僑革命史〉,張少寬著《孫中山與庇能會議:策動廣州329之役‧附錄》,檳城:南洋田野研究室,2004年,頁205。

會議中通過了汪精衛起草的章程外，並選舉首屆職員，吳世榮和黃金慶分別當選為正副社長。黃金慶讓出其位於柑仔園門牌94號之洋樓充作書報社社所。檳城閱書報社正式開幕禮訂於1909年1月10日，在社所舉行。[13]

除了上述的「檳城閱書報社」，在設立於檳城的書報社尚有：「益群書報社」（負責人為李漢生）及位處檳威斯力省大山腳的「華僑書報社」（負責人為林世安）。[14]

有意思的是：了解到南洋地區、尤其是新馬地區華族方言群社會的特點，孫中山乃於1907至1911年間促使更多的讀書報社於南洋各埠成立。與此同時，為了更有效地將革命信息傳達給大眾，孫中山鼓勵各方言群辦使用自己方言的書報社。當時訪新加坡的胡漢民被命草擬以方言為幫的書報社的章程和辦法。胡漢民列舉了「分幫設立書報社的辦法」共八條。其中，「辦法」第一條云：福、潮、客、廣，各為一幫；瓊附入潮幫，肇附入廣幫；「辦法」第二條云：每幫舉代表一人，如同盟會分會有事，可隨時通知各幫代表，再由代表告知個人；「辦法」第七條云：各幫代表於他幫開會時，可親往旁聽和討論，以資聯絡而泯界限。據此，黃賢強指出：「（從）這個分幫成立書報社的辦法，也可看出同盟會分會和書報社的密切關係」。[15]

---

[13] 黃賢強前揭文〈孫中山在檳城的革命團體及其活動模式〉，2008年，頁185-186。
[14] 參閱顏清湟著上揭書，中譯本，1982年，〈表一〉，頁141-142。
[15] 同上黃賢強前揭文，2012年，頁50-51。

## 三、創辦光華日報社

戊戌政變後，康有為、梁啟超相繼赴日，他們以匡扶
光緒帝政為口號，廣設保皇會，同時全力辦報，一時聲勢浩
大，同情維新者眾。孫中山不得不考慮黨報的抗衡，1900年他
派陳少白主編《中國日報》，至黃世仲主筆該報時，運用大量
小說題材提升革命黨的形象，對康、梁維新保皇的姿態越加貶
抑。在其後《民報》與《新民叢報》的思想論戰中，國民立憲
和開明專制可謂水火不容。[16]

孫中山認為：「非設立報館，無以喚醒民眾，共同致力
於革命事業」。成立書報社和開辦《光華日報》，是孫中山交
待檳城革命同志的任務。但因經濟因素，《光華日報》無法在
1908年辦成。結果，遲至1910年12月2日始創刊出版；而書報
社則順利於是年開辦。

檳城《光華日報》的前身，是1908年在緬甸仰光出版的
第一《光華報》。當年汪精衛、吳應培到仰光擴大同盟會組
織後，黨員莊銀安、陳頗瑞、陳守金、陳玉著、李國海、陳
清波、陳文豹、徐贊周等人集資8千餘盾，以3千盾承購謝啟
恩的《仰光新報》改名出版《光華報》。初期由莊銀安出任
經理，陳仲赫任副經理，由新加坡聘請楊秋帆及居正（居覺

---

[16] 趙雨樂〈從起義到革命：論孫中山與地域社黨的磨合關係〉，《國家建構與地域
關懷：近現代中國知識人的文化視野》，香港：中華書局，2013，頁79。

生）前來仰光主持筆政。不久後，由呂志伊（呂天民）代主筆政。《光華報》甫出版即提倡革命，攻擊保皇黨。正在此時，保皇黨借商人名義呈請清廷派領事駐緬甸，於是清廷派蕭永熙為第一任領事。《光華報》因清領事屢次向商人詐索而撰聯譏諷得罪蕭，被其抄沒財產，威脅該報立即停刊。《光華報》無可奈何被迫停辦，報館由保皇黨人所奪購，改名以《商務報》出版。

同盟會諸君乃另集資1萬3千元（盾？），成立第二《光華報》，改名為《進化日報》，委居正和呂志伊主持筆政，繼續出版。然遭清駐仰光領事陷害，電請外交部向英國公使館交涉，指《光華報》鼓吹無政府主義。英使信以為真，乃飭令緬督下令將《光華報》主筆居正及經理陳漢平押送出境，擬送歸清廷訊辦。幸而船經新加坡時獲同志延聘律師抗辯，始免於難。

鑑於《光華報》裡人人自危，於是第二次停刊。莊銀安從仰光避居檳城，擬將《光華報》移檳城出版，獲得檳城閱書報社贊同，公推6人籌備，即黃金慶、陳新政、邱明昶、徐洋溢等負責重組《光華日報》一切事宜。以「光華」二字含有光復華夏之意，乃沿用《光華報》名稱，一面向本嶼當局申請註冊，一面進行招股，特請胡漢民撰寫招股書及序文，並聘請雷昭性（雷鐵崖）[17]、方次石（方南崗）及張杜鵑等人被聘為主筆。

---

[17] 華按：雷鐵崖為四川留日學生，原《四川雜誌》編者。參閱楊天石著《帝制的終結》一書、〈第二次倒孫風潮〉章節，湖南省長沙市：岳麓書社，2013年，頁187。

《光華日報》註冊資本3萬元，分1萬5千股，每股2元。為了避免中國同盟會的勢力日益擴大，保皇派製造謠言大力中傷革命派，使認股人士因而畏縮，以致招股過程不甚順利。陳新政等人四處奔走，才籌獲距離3萬元不遠的款額。1910年12月2日（農曆十一月初一日），革命同志們終於排除萬難，在檳城創辦《光華日報》。《光華日報》出版後，孫中山親賜墨寶《光被四表》祝賀，足見其對該報創辦的莫大期許。

中華民國元年（1912年），就任中華民國臨時大總統的孫中山頒賜優等《旌義狀》予《光華日報》，褒揚其於「中華民國開國之始，宣揚大義不遺餘力」。1920年11月23日，孫中山亦曾致函《光華日報》董事經理薛木本，關注其擴充篇幅及添聘編輯一事，並推薦陳承謨擔任編輯。以下是有關信函的內容：[18]

　　　　木本[19]兄鑒：前接來函擬將光華日報擴充篇幅並添聘編輯一人，足見對於文化鼓吹不遺餘力，至佩。茲經覓得同志陳君承謨願來擔任，學術亦頗可觀。已將前匯來川資交付。克日即可南來，特攜此函介紹。惟刻下盾

[18] 參閱〈《光華日報》創刊史〉，《光華日報：輝煌100（1910-2010）》，檳城：光華日報出版，2010年，頁30-33。

[19] 薛氏字春榮，福建海澄三都藍尾鄉人，幼旅居檳榔嶼，初經商於馬來半島之浮羅江沙埠。時革命方起，與江沙丘能言、吳永井、廖南畝等，組織同盟會及覺民書報社，甚熱心。後移任星洲國民日報經理約二年，復任檳城光華日報經理。於孫中山三民主義、五權憲法，則奉如圭臬。曾出任檳城鐘靈中學、福建女校及閱書報社等革命派周邊機構要職。【參引自林博愛編《南洋名人集傳·薛木本》第一集，1920年，頁203。】

價低落，每月能給六百四五十元，則頗能敷裕矣。至寄稿式特別要事應行拍電之處當照囑同志隨時留心，勉為輔助可也，此致即詢時綏。

孫文

十一月二十三日

又，據《光華日報三十七週年紀念特刊》：孫中山曾致函予《光華日報》同志，惟並沒有註明日期。以下是有關信函內容：

檳榔嶼光華日報轉南洋各坡同志鑒：溯自清政失綱，國將不國，文察人民心理，外審世界潮流，知非改建共和，不足以言救國，非推翻滿清，不足以進共和，用是大義一宣，四海景從，諸君熱誠愛國，贊助獨先，或犧牲頭顱，或傾助軍實，同心戮力，清室以墟，不幸共和已建，付託非人，帝孽官僚，煽其餘波，盜酋軍閥，肆其病毒，開國十稔，而人民之痛苦，匪唯無減於疇昔，且加甚焉，夫豈諸君革命之初志哉。

去秋粵軍回戈，祛除桂賊，為時三月，全省肅清，翳誰之力歟，固由諸將士陷陣衝鋒，而諸君出其血汗之資，供三軍糧秣之費，其功尤不可沒也。諸君遠適異邦，惓懷祖國，一舉而光復漢室，再舉而光復粵東，方之卜式輸財助邊，子文毀家紓難，殆或過之，今粵局安定矣，文與伍唐陳諸子，誓本民治之精神，圖根本之改

造，舉其犖犖大者，如禁賭裁兵廢督軍，撤鐵道，已一一實現，其他興革，亦將以次推行，以為各省模範，其或不戾於吾輩革命救國之旨乎。茲派方君瑞麟，為南洋華僑宣慰員，以次週歷各坡，舉政府進行計劃，宣告予眾。當此民治思潮奔騰澎湃，改造主義，世界同趨，吾國即為國際團體之一員，豈能違此公例，將來新中國建設事業，待舉者至多，望諸君勿廢前功，全力贊助，是文之所厚望也。此頌公祺。

孫文

　　這封信更進一步證明了孫中山與檳城《光華日報》之間的密切關係，顯見《光華日報》曾充當革命喉舌的重任，以及《光華日報》和南洋華僑為「光復華夏」而付出的貢獻。[20]
　　《光華日報》自1910年創刊後，肩負起弘揚民主思想與革命運動的重任，成為中國同盟會在南洋的主要喉舌。它大肆批評滿清政府的腐敗，與保皇派《檳城新報》展開激烈的思想論戰，在本地宣傳民主的革新思想之餘，亦提供輿論鼓吹華人出錢出力，以實際行動支持如火如荼進行的革命運動。當時的《光華日報》組織乃依照有限公司之例，每年由最高權力機構，即股東大會選舉董事部監理常務。
　　1910年成立首屆董事部，正監督黃金慶，副監督熊玉珊，

---

20 轉引自《光華日報：輝煌100（1910-2010）》，檳城：光華日報出版，2010年，頁34-36。

議員：吳世榮、邱明昶、林全福、潘奕源、馬少雋、蔡益敏、
柯竹生、林如瑞，絕大多數是中國同盟會檳城分會同志，亦是
檳城閱書報社的中堅份子，顯示《光華日報》與中國同盟會檳
城分會和檳城閱書報社三大革命派機構的緊密聯繫。

　　黃賢強曾將檳城三大革命團體創辦人名單並列、作出比
較（見下引表10-1）之後，發現其主要創辦人（包括吳世榮、
黃金慶、熊玉珊、陳新政、邱明昶等）都是同一批人。他指
出：「此五人當中，吳、黃出生於檳城；熊、陳、邱三人則出
生於中國，成年後才南來。但他們的共同點乃：在從商致富
後，積極投入孫中山領導的革命事業。他們都算不上是大富
商，充其量僅能說是中等的資產階級。也正因如此，他們沒有
大富商般的許多顧忌，而能積極地投入革命的事業。」[21]

### 檳城三大革命團體創辦人名單對比表列

| 同盟會檳榔嶼分會<br>1906年首屆職員 | 檳城閱書報社<br>1908年首屆職員 | 光華日社<br>1910年首屆職員 |
|---|---|---|
| 吳世榮（正會長） | 吳世榮（正社長） | 吳世榮（議員） |
| 黃金慶（副會長） | 黃金慶（副社長） | 黃金慶（正監督） |
| 熊玉珊 | 熊玉珊（招待） | 熊玉珊（副監督） |
| 陳新政 | 陳新政（協理） | 陳新政（議員） |
| 邱明昶 | 邱明昶（協理） | 邱明昶（議員） |
| 林福全 | | 林福全（議員） |
| 潘奕源 | | 潘奕源（議員） |

---

[21] 黃賢強著前揭書《跨域史學：近代中國與南洋華人研究的新視野》第十章，2008
年，頁189及190〈表10-1〉。

| | | | | |
|---|---|---|---|---|
| 黃金良 | 辜立亭 | 林夢齡（總理） | 林紫盛（財政） | 馬少雋（議員） |
| 陳民情 | 林志誠 | 薛　楠（招待） | 馬澤生（糾察） | 蔡益敏（議員） |
| 徐洋溢 | 呂毓甫 | 許致雲（糾察） | 楊漢翔（協理） | 柯竹生（議員） |
| 薛木本 | 王壽蘭 | 邱開端（協理） | 饒純齋（協理） | 林如瑞（議員） |
| 丘有美 | 林世安 | 黃奕坤（協理） | 古偉堂（協理） | |
| 丘文紹 | 丘能言 | 楊如金（協理） | 林文琴（協理） | |
| 鄭玉指 | 徐宗漢 | 林如德（協理） | 林成輝（協理） | |
| 陳璧君等 | | 邱兆熊（協理） | 沈瑞意（協理） | |
| | | 賴心田（協理） | 馮自立（協理） | |
| | | 張顯寰（協理） | | |

資料來源：黃賢強（2008：190）〈表10-1〉

　　值得一提的是：在雷昭性（鐵崖）與其同志如方次石、周杜鵑及戴季陶（署名天仇）等人的辛勤耕耘下，《光華日報》一紙風行，暢銷海內外。上海《神州日報》、《民立報》，廣州《平民報》，汕頭《中華日報》，福州《警醒報》均代為銷售，檀香山、舊金山、香港、仰光、新加坡、印尼泗水、巴達維亞等均設代理，總共達71處。《光華日報》成為了革命黨在南洋的主要喉舌。[22]

　　隨著新加坡的《中興日報》與《星洲晨報》已陸續停刊，革命派通過《光華日報》與保皇派《檳城新版》連年筆戰，辯論民主革命或君主立憲的課題。在論戰中，雷昭性不僅以社論形式向對方筆戰，還以短論、諧文、笑史、時評、雜談、雜俎等短小精悍的文章出現。為了適應當地華人的文化水

---

[22] 見劉釗伊編著《孫中山在新馬》，檳城：光華日報出版，2013年，頁228。

平，以通俗易懂的文字宣傳革命。這場論戰持續近百日，保皇派的《檳城新報》終於敗下陣來、風雲不再，並最終於1936年被《光華日報》以7千元加以併購。[23]

幾經風雨，《光華日報》這家百年民營報章依然秉持其首創人孫中山堅毅不拔的革命精神，堅定不移地向前邁進。自創刊至今（2010年），歷經波折的《光華日報》始終屹立不倒、咬緊牙關走下去，在世界中文報業史上寫下其光輝的頁章！

---

[23] 同上揭文〈《光華日報》創刊史〉，《光華日報：輝煌100（1910-2010）》，檳城：光華日報出版，2010年，頁7-38。又見劉釗伊編著《孫中山在新馬》，檳城：光華日報出版，2013年，頁229。

中山先生與檳榔嶼

# 第八章　孫中山與檳榔嶼同盟會南洋總機關部

## 一、遷移同盟會南洋總機關部之始由

在新加坡，同盟會內部反對孫中山的派系刻意煽動反孫情緒，[1]孫中山發覺他在新加坡僅能獲得有限的支持。鑑於南洋支部陷於癱瘓，加上清政府派駐新加坡的領事不斷打壓，英殖民地政府亦嚴密監視新加坡革命黨人，令孫中山計劃把同盟會南洋支部從新加坡移設檳榔嶼。他曾就此計劃徵詢北馬諸同志的意見，獲得了檳榔嶼同盟會成員的大力支持。

1910年7月，孫中山搭乘由德國不萊梅市Norddeutscher Lloyd公司經營的Roon號輪船從新加坡北上馬來半島的檳榔嶼，受到吳世榮、黃金慶等人的歡迎。他在柑仔園94號房子住了幾天，

---

[1] 李金強談到同盟會內部分裂的導火線時指出：孫中山策動的防城、鎮南關、上思、河口前後四次武裝起義均告失敗，致使以光復會為首的章炳麟、陶成章起而反孫，出現分裂。陶氏且週遊南洋僑社發佈反孫言論，並於荷屬南洋（印尼）之邦加與泗水成立光復會分會，另樹一幟，與孫分庭抗禮。南洋僑社出現黨同伐異，使孫中山之領導地位備受打擊。【參閱李金強著《中山先生與港澳》（中山學術文化基金會叢書），台北市：秀威資訊科技股份有限公司，2012年，頁194。】顏清湟則指孫、章、陶等乃由於省籍意識、教育背景及革命策略之分歧，而導致同盟會內部分裂。【參閱Yen Ching Hwang, *The Overseas Chinese and the 1911 Revolution*, pp. 212-219.】

然後搬進了租賃的柑仔園400號房子。幾個星期後，其家眷抵達檳榔嶼與他會合，全家乃搬進了較大的柑仔園404號房子。[2]

他於7月20日搭乘上述輪船途中，以化名「高野」給當時人在香港的吳稚暉。[3]信中說他將會見檳榔嶼諸同志，並強調謀救汪精衛乃當務之急。基於信函內容涉及之事件和內容十分豐富且具歷史價值，茲將該函全文迻錄於下：

> 稚暉先生鑒：
>
> 久未致候，遙想旅次多佳。弟自抵美西及檀香山二地，大蒙華僑歡迎，此皆多《新世紀》先生辯論之力也。[4]弟在該二地已聯絡團體約有千四五百人，將來大可進步。弟本欲久留該處以圖黨勢之發達，乃以祖國情勢日急，恐再蹈羊城覆轍，故急於東回。在日本住有兩

---

[2] 參引自邱思妮著、陳耀宗譯《孫中山在檳榔嶼》，檳城：Areca Books出版，2010年，頁46-47。

[3] 吳敬恒（1865-1953）字稚暉，通稱吳稚暉，江蘇省陽湖縣人，出自耕讀世家。1901年3月吳赴日本東京高等師範留學，友人鈕永建約他同往拜訪孫中山，為吳所拒。其後，因《蘇報》事件，避往英國留學。1905年3月與孫中山首次在倫敦見面，暢談革命，對孫大為拜服。同年冬，加入（8月20日）成立於東京的中國同盟會。1907年6月，吳與張人傑、李煜瀛在巴黎創辦《新世紀》周刊，仿照東京出版的《民報》，宣傳革命。【參引自蔡思行撰〈吳稚暉：由維新至革命〉，蔡思行、彭淑敏、區志堅編著《辛亥人物群像》，香港：中華書局，2011年，頁97-100。】

[4] 1909年，章太炎（炳麟）和陶成章撰文攻訐孫中山，文章後來在保皇黨機關報流傳，為免保皇黨漁人得利，吳稚暉在《新世紀》撰文，為孫中山辯護，維持孫中山在海外華僑心中的形象，因此孫寫信給吳時特別向他致謝。【參閱蔡思行撰〈吳稚暉：由維新至革命〉，蔡思行、彭淑敏、區志堅編著前揭書，2011年，頁99。】

國禮拜，旋於西六月廿五日離日本。七月十一號抵新加坡，十九號由星乘德郵船往檳榔嶼會同志謀議要件。大約一二禮拜，當回星埠作略久之寄寓。請先生時時賜教為幸。

　　吾黨今日有一急要問題必須設法解決者，為謀救精衛之事。[5]今外間已有擔任之人，惟苦不詳悉北京近情及精衛在囚之地，故先當調查確實乃可行事。此必靠北京官場同志，乃能為之。此間同志已各就所識請為盡力，然猶恐耳目未周。今再（請）先生就歐洲同志密商，如各有所識可靠之人在北京者，皆望託之查探精衛被囚之法部衙門地方及看管之人詳細情形如何，並請他等代為籌思有何妥法可以救出。如查實在情形及想出妙法，望即函示弟知並香港展堂知為禱。此候大安不一。李君褚君統此不另。

弟高野謹啟

七月二十號

（信函來源：《中山墨寶》第6卷）


　　由以上信函，可知孫中山原本只打算在檳榔嶼逗留一兩個星期後即返回新加坡，但後來卻因上述種種因素而改變其心

---

[5] 有關謀救汪兆銘（精衛）之事，說詳可見《胡漢民自傳》（第18節〈營救汪兆銘〉條，頁38-39）及王雲五主編、蔣永敬編著《民國胡展堂先生漢民年譜》〈民國前二年二月十八日（三月二十八日）〉條，台灣：商務印書館，民國六十七年（1978），頁108-109。

意，遂決定繼續留下來，並指示同盟會南洋總機關部總書記周華從新加坡將所有的黨部文件帶到檳榔嶼。

1910年8月，同盟會南洋總機關部終於正式自新加坡遷移到了檳榔嶼。孫中山亦藉此整頓中國同盟會，把持異議者剔除，並加強黨機器的運作。他根據軍事架構重整黨職，把各組織層級化，並明確規定各自的權責。由於同盟會被英國和法國殖民地政府列入黑名單，孫中山遂將黨名改為「中華革命黨」。他要求所有新舊黨員在新黨名下宣誓，並發誓對他效忠。[6]

## 二、選擇檳城作為同盟會南洋支部新基地的主要考量

針對此問題，黃賢強引述陳偉玉撰《同盟會南洋支部與辛亥革命》指出：孫中山之所以選擇檳城為同盟會南洋支部的所在地，主要有以下數項考量：（一）同盟會檳城南洋支部除

---

[6] 參引自邱思妮著、陳耀宗譯前揭書，2010年，頁48。孫中山以「中華革命黨總理」的名義，對陳新政發出「庇能支部長」委任狀。同時於委任狀上簽署、蓋章者尚有：總務部長陳其美及黨務部長居正。日期為：中華民國三年十一月廿六日。【按：委任狀原件刊登於《檳城閱書報社三十週年紀念特刊》】。又，據陳新政：「是時檳榔嶼為南洋總機關，逐日所接電報，即轉各埠，所籌款項，盡匯交香港金利源收轉。時得《光華日報》鼓吹之力，故聲勢日壯，黨事日繁。莊銀安適在（檳榔）嶼，幫理一切，力主開會公舉職員，規定章程，分途辦理。乃傳集黨人投票，公舉庶務部長黃金慶，予（指陳新政）與邱明昶、楊漢翔、林全福為部員。照同盟組織法，庶務部統理黨中一切事務，指揮各部之權。故選舉此部人員甚為慎重」云云。【按：說詳見陳新政撰〈華僑革命史〉，張少寬著《孫中山與庇能會議：策動廣州329之役·附錄》，檳城：南洋田野研究室，2004年，頁214-215。】

了作為南洋各地分會之聯絡中心，亦聯繫東京本部及香港、上海等分會，以便傳達上級的指示、傳遞下級的情報和意見，以及捐款等。檳城自1882年以來，已有國際電報局，可直接與印度、緬甸、新加坡及馬六甲通電訊，經由以上各地，又可與歐洲、安南及東南亞等其他各大城市的電報系統聯繫。（二）檳城乃英屬殖民地之一部分，與新加坡同屬英國人管理。南洋支部自新加坡遷移至檳城後，無需為適應新的政治環境而作出重大的變更。（三）檳城同盟會分會很少受到陶成章（1878-1912）和章炳麟（1869-1936）分裂份子反孫中山運動的影響。（四）檳城領袖相當積極地參與支持孫的革命事業，深得孫中山的信任。[7]

孫中山委任檳城的吳世榮和黃金慶等主持南洋黨務的重組工作，建議將組織名稱由原來的「中國同盟會」改為「中華革命黨」。如此一來，不僅能重新振作革命黨形象，亦可避開南洋各殖民地政府進一步的干涉。孫於1910年8月24日致鄧澤如函中，即指出此事實。[8]南洋的革命總機關由新加坡遷移至檳城，無疑為中國革命運動興起了一股新力量並帶來了莫大的衝勁。

「庇能會議」之後，孫中山原擬遍歷南洋各埠親自進行勸募，但卻面對重重阻力。荷屬東印度殖民地政府拒絕他進

---

[7] 轉引自黃賢強著前揭書，2008年，頁192。

[8] 原文曰：「蓋各殖民地有例嚴禁私會（黨），而法、英殖民地前年已公認革命黨為政治之團體，法安南送黨人出境，而英殖民地收納之是也」。見吳相湘著《孫逸仙先生傳》，台北：遠東圖書公司，1984年，頁654-655。又，參閱黃賢強著前揭書，2008年，頁194-195。

入，日本、安南、暹羅又早有禁止入境之令。而英政府再度發出驅逐令，使他的募款行動深受打擊。孫離開檳城之前，委託胡漢民、鄧澤如負責新加坡和馬來亞的籌募工作，又派黃興赴暹羅和法屬安南負責籌募之事。

　　誠如黃賢強指出：孫中山於1910年12月6日自檳城登船赴歐洲。他在檳城策劃的黃花崗之役雖然在次年3月以失敗告終，但它所激發出來的革命浪花最終席捲整個大清皇朝。孫氏「三位一體」的革命組織及其互動模式，無疑深具時代意義，是中山先生處心積慮發展海外革命力量的有效策略。[9]

[9] 黃賢強著前揭書，2008年，頁194-195。

# 第九章　革命派於星、馬展開的
　　　　宣傳活動

## 一、革命化劇團與戲劇表演

　　革命傳播媒介和閱書報社之局限性，在於他們只能向識字的華人傳達革命訊息；而不識字的則不是書寫媒介所能達到的。為了彌補這個缺點，革命主義者乃創辦了劇團來傳播革命思想。誠如顏清湟指出：在星、馬利用戲劇以宣傳革命實具有特殊的意義，因為這是灌輸革命思想給華僑社會的文盲僑眾最有效的方法。革命化的戲劇運動始自1904年。其時曾在某講武堂畢業而對社會教育極具興趣的程子儀建議在香港創辦一家戲劇學校，以改變舊劇和創編新劇。此擬議受到香港革命派領袖陳少白和李杞堂的支持；乃積極著手籌劃實行，最後組成採南歌戲班，招收年輕男女予以訓練，以演出具有強烈革命意識的新劇，在港澳受一般大眾的歡迎。惜財源不繼，只勉強維持了兩年即告解散。[1]其後，香港革命派人士另外成立了優天影劇團和振天聲劇團，並派遣振天聲劇團赴新加坡、馬來亞各地巡迴表演。

---

[1] 參閱顏清湟著《星、馬華人與辛亥革命》中譯本，1982年，頁154。

在香港振天聲劇團來星、馬公演之前，星、馬當地某些劇團早已上演過一些富強烈革命意識的新劇，如吉隆坡的一家劇社曾在1907年11月演過「徐錫麟」一劇，其內容乃刻劃徐錫麟[2]安慶起義烈士慷慨就義的事蹟。但是大規模星、馬革命戲劇運動的開展，實始自1908年底香港振天聲劇團來星、馬公演之後。[3]該劇團的到訪，大大的推動了革命戲劇的活動。

振天聲劇團的公演，很快即與星、馬革命運動合而為一。該劇團在離開新加坡後，並北上遍訪馬來半島西海岸各重要城市如芙蓉、吉隆坡、巴生港、怡保、太平、檳城等，受到當地革命派人士的熱烈歡迎。雖然各地維新派曾百般阻擾和多方攻擊，但振天聲劇團在各地訪問與演出非常成功，各地都紛紛要求他們延長居停，繼續多演些天。[4]該團的來訪，顯然對各地革命戲劇運動進一步推動有著很大的刺激作用。他們不止從振天聲劇團學習到不少演劇技巧，也親身體會到戲劇對於散播革命思想於平民大眾的廣大功效。各地革命派劇團紛紛成立，如吉隆坡的振武社和檳城的警世班，都很熱心於演出新

---

[2] 徐錫麟（1873-1907），字伯蓀，號光漢子，浙江紹興人。曾遊歷日本，回國後，目睹滿清政府的腐敗，憤恨不已，在《出塞》一詩中寫道「軍歌應唱大刀環，誓滅胡奴出玉關，只解沙場為國死，何須馬革裹屍還！」表達了他願為國捐軀的崇高志向。1904年他加入光復會，與秋瑾在紹興創辦大通學堂，並積極籌款購買槍彈，準備起義推翻清王朝。1907年7月6日，他在安慶起義；在巡警學堂演說會上刺殺了安徽巡撫恩銘，後因寡不敵眾被俘慷慨就義，年僅34歲。【參引自：梁杞盛著《從郵票看孫中山與辛亥革命·徐錫麟烈士明信片》，香港：作者自行出版，2011年，頁66。】

[3] 參閱顏清湟著《星、馬華人與辛亥革命》中譯本，1982年，頁155。

[4] 《中興日報》，1909年三月30日，頁2。轉引自上揭顏著中譯本，1982年，頁156。

劇，以傳佈革命思想和意識。在公演各戲時，大都用慈善的名義為號召。這樣，可以避免當地政府的干涉，也可免除華僑中頑固保守份子的反對。[5]

革命新劇中最膾炙人口、最受群眾歡迎的，有「徐錫麟槍擊恩銘」、「熊飛[6]將軍義死六華塔」、「秋瑾女士之死」等。編演熊飛勇抗清兵故事，乃至於兩位著名的暗殺滿洲高官的革命志士徐錫麟與秋瑾的事蹟，將之搬上舞台表演，更是公然地刺激反滿的情緒。這自然會引起大家對滿清的痛恨，也加深一般大眾對於革命烈士的印象。[7]

## 二、公開演講與群眾集會

如前所述，舉辦公開演講與群眾集會常為新加坡、馬來亞革命派革命宣傳的重要手段之一。1907年，反滿革命活動中心自日本東京移來東南亞後，最富有對群眾演講經驗的革命派領袖孫中山、汪精衛、胡漢民等即開始利用公開演講的方式，在僑社內宣揚革命，而由各書報社供應場地，出面主持；群眾性的集會則多由同盟會、《中興日報》或其他革命團體舉辦。

由於華僑社會一般教育水準的低落，公開演講與群眾性集會實為革命派與群眾意見交流的最重要的一種方式。孫中山

---

[5] 參閱顏清湟著《星、馬華人與辛亥革命》中譯本，1982年，頁159。

[6] 熊飛，廣東東莞人，明末抗清之英雄。

[7] 參閱顏清湟著《星、馬華人與辛亥革命》中譯本，1982年，頁159-160。

的三民主義（民族主義、民權主義、民生主義），在星、馬的許多集會中，常常則只談民族主義，對民權主義與民生主義則極少提及。如汪精衛於1908年至1909年間在星、馬所做的十二次公開演講中，其內容在可以查明的八次之內，六次是以民族主義為主要論題，其他二次則是談論當前的政治與商務。[8]

顏清湟指出：演說者在講論民族主義與反滿革命時所用的一些技巧，很值得特別注意：他們一般都是先例舉歷史上的前例，然後再作簡單的類比。汪精衛尤好印證17世紀滿清征服中國時閩粵兩省士民反抗滿清的史事；並常舉出海外華僑婦孺皆知的反清英雄鄭成功與洪秀全兩人為例證，認為前者代表福建，後者代表廣東，以勉勵大家繼續前輩的愛國精神，起而反抗滿清。汪也特別指出福建人之所以大量移民東南亞，實為滿人殘暴征服的直接後果，「今日革命運動，就是為雪祖宗的仇恨，恢復國土，我閩僑尤當熱忱奮發，贊助革命事業之早達目的，才得以慰祖宗之靈於九泉之下。」[9]

再如孫中山於1910年底，應清芳閣俱樂部之邀請作一場公開演講。陪同出席的有吳世榮、黃金慶、陳新政、邱明昶、楊漢翔、邱文紹、潘奕源等人。講辭內容首先集中分析清朝政府貪污腐敗，橫徵暴斂，名教不分，以致不能禦侮，任由帝國主義列強侵佔中國的神聖領土，豆剖瓜分，危在旦夕。次論及居留地政府的法律，在社會經濟發達後可能變化，而華僑之生命

---

[8] 參閱顏清湟著《星、馬華人與辛亥革命》中譯本，1982年，頁148-149。

[9] 有關1908年汪精衛在檳城三山社（俱樂部）對閩省僑社之演說全文，見本書附錄四（之一）。

和財產屆時必歸於無效，並且引用美國和澳洲的發展及其後的排華政策以為誡。第三則說明新軍之革命傾向，以及他們對起義大業的正面作用。[10]

　　由於當日星、馬華人社會內的文盲比率最高，類似的簡單類比演說，內容通俗且極易於煽動人心，亦深受聽眾的熱烈歡迎與支持。故此，公開演講與群眾集會方式經常為革命派領袖所採用，以便向普羅大眾宣傳革命思想和傳達革命訊息。

[10] 陳劍虹〈辛亥革命前夕革命黨人在檳城的言論分析〉，馬來西亞紀念辛亥百年活動系列籌委會編印《紀念辛亥革命100週年1911-2011：百年回首、承先啟後》，2011年，頁52。

# 第十章　維新派與革命派之首要競爭陣地
## ——學校與其他社會機構

　　顏清湟指出：維新派與革命派都知道他們雙方的競爭，將是長期性的；因此，雙方都需要有些長期的計劃。所以，學校與其他教育機構乃成為兩派競相參透與控制的首要目標。由於學校在影響教育圈內的人員方面，具有關鍵性的地位，而且可由此以影響整個社會；加之學校既可提供工作機會給具教書資格的維新與革命派人士，又可以對兩派人士所從事的政治活動提供最佳的掩護；所以，在思想上，儘管兩派在政治理想和政治策略上各不相同，但他們所具有的共同信念是：近代式的教育實為促進中國進步的重要途徑，也是灌輸新觀念、促進科學與技術知識及增強體力的場所。維新派由於希望利用和平手段以達到其政治目標，有著意於教育問題，並以提倡新式學堂教育作為吸引支持者與籌募款項的兩大口號之一；許多海外華人社區的新式學校多為維新派人士所主持。[1]革命派發現他們無法滲透現有（維新派主持）的市區學校時，而被迫開辦

---

[1] 參閱顏清湟著《星、馬華人與辛亥革命》中譯本，1982年，頁182-183。

夜校²及向維新派與保守勢力較薄弱的郊區華僑學校作積極的滲透，並採取措施設法削弱改良派在這些（社會與教育）機構的影響力。這造成兩派互相敵視和對抗，有時甚至釀成暴力衝突。³

維新派在海外提倡新式教育與國內從老式私塾教育過渡到新式學堂教育的變革，適為同時，而1905年清廷正式廢除科舉考試制度，代之以新創辦的各類新式學堂，尤為一件劃時代的大事。新加坡、馬來亞的華僑社會為了適應此一巨大的變動，紛紛在1904年至1907年間創辦新式學校，如新加坡的應新學堂、養正學堂、端蒙學堂及道南學堂，吉隆坡的尊孔學堂及坤成學堂，檳城的中華學堂及邱氏學堂等。雖然，這些學堂只是提供初級教育，而課程則是傳統與現代的混合物。它們把傳統的科目如「讀經」、「修身」和現代的歷史、地理與英文等混合在一起。這樣的課程培養出強烈傾向中國及崇尚儒家傳統的學生。

除了上述新式學堂，檳城保皇派的支持者亦多為當時華

---

² 夜校是晚間上課的，也就是成人教育，專為過去失學的成人而設，其主要目的乃為華僑社會內佔最大多數的下層社會人士提供受教育的機會，他們大部分是勞工和店員，讀日間部的學校已嫌年齡太大，且白天還要工作謀生。這些成年學生，對於其所從事的革命活動，實為最大的方便。經過在夜校的一番訓練後，他們即可作為革命幹部，或擔任同盟會各分會的低級領導人，或在書報社、革命劇團及群眾集會中任職，以在群眾中傳佈革命思想。【參引自顏清湟著《星、馬華人與辛亥革命》中譯本，1982年，頁186。】

³ 顏清湟〈華人歷史變革（1403-1941）〉，林水檺等主編《馬來西亞華人史新編》第一冊，吉隆坡：馬來西亞中華大會堂總會，1998年，頁34。又，見顏清湟著《星、馬華人與辛亥革命》中譯本，1982年，頁187。

人社會的重要領袖，他們主要佔據當時檳城華人社會兩個首要組織，即平章公館和中華總商會（以下簡稱商會）的領導層。例如平章公館的柯孟淇、林花簪和梁樂卿；[4] 商會領袖：柯孟淇、梁樂卿、林成輝和吳德志等人。這些保皇派支持者，對清政府極為忠心。他們所領導的平章公館與商會，在華社的勢力非革命派所能及。[5]

顏清湟指出：隨著光緒皇帝於1908年末逝世以及改良派（即保皇派）在中國和海外所面對的其他困難，改良派在新馬華人社會所獲得支持於1909年之後有着顯著的下降。這為革命派其後在這區域的稱霸鋪平了道路。[6]

---

[4] 柯孟淇生於檳城，祖籍福建同安。在檳大英義學和加爾各達受教育。返檳後經營船務，事業有成。他於1912年擔任平章會館的兩大總理之一，1914-1919年間擔任會長，是當時檳城華社地位崇高的領袖之一。林花簪，祖籍漳州海澄，他由中國南渡，後於檳城發跡，為平章會館創始領袖之一。梁樂卿，1851年出生於廣州，在美國舊金山接受教育。1888年之後移居檳城。他於1895年成為平章會館的大總理；1907年，他擔任商會會長，是廣幫的重要領袖。林成輝乃林花簪之子，檳城出生，受中文教育，自修英文。除了經營父業，也是《檳城新報》和《亦果》西報的創辦人。【參引自吳雲龍〈鬥爭尚未結束：檳城黨派勢力之爭與僑選議員（1912）〉，《亞洲文化》第34期（2010年6月），頁139註釋19，25。】

[5] 儘管兩派針鋒相對，勢不兩立，但辛亥革命成功之時，保皇派支持者還是可以適應時局、審時度勢，與革命派合作。例如1911年武昌起義爆發，中國情勢急轉直下，檳城華人自1911年11月11日開始至1912年1月2日之間，共匯款至中國14次，總數達135,389.06元支持援革命。再如：檳城保皇派重要成員：林花簪、柯孟淇、梁樂卿、林成輝和吳德志等人，均出席1911年12月16日於平章公館召開討論剪辮事宜之會議。經與會眾人討論，隨即表決讚成剪辮之議決案。【參引自吳雲龍〈鬥爭尚未結束：檳城黨派勢力之爭與僑選議員（1912）〉，《亞洲文化》第34期（2010年6月），頁131-132，139註釋30。】

[6] 顏清湟〈華人歷史變革（1403-1941）〉，林水檺等主編《馬來西亞華人史新編》第一冊，吉隆坡：馬來西亞中華大會堂總會，1998年，頁35。

# 第十一章　辛亥革命前、後同盟會 （及國民黨）於星、馬 的革命運動

　　以往研究辛亥革命與南洋華人社會的著述當中，大多數乃站在中國的立場上來分析，認為辛亥革命僅僅是一場發生在中國的革命。李亦園於〈華僑與國民革命研究的新觀點〉一文即提出：「由當地華人的立場出發，輔以不同地區的比較研究，或能廓清當時新馬華人特別支持孫中山革命問題」之新觀點。[1]安煥然對此觀點表示認同，他指出：百年前孫中山領導的革命，其影響不僅僅是「中國」的。而華人的情感共鳴，也不應該僅僅是孫中山曾經說過的「華僑是革命之母」而已。欲論孫中山與新、馬華人的關係，應當把歷史聚焦於探討19世紀末至1910年間，亦即辛亥革命前夕，孫中山的革命運動在各地的實際狀況。既要了解大時代的氛圍，也要把握在地的歷史內在脈絡變化。如此的「在地思考」，方能對孫中山與馬來西亞的研究，有更深一層的思考。[2]

---

[1] 該文見張希哲、陳三井主編《華僑與孫中山領導的國民革命學術研討會論文集》，台北：國史館，1996年。

[2] 安煥然撰〈孫中山革命的普世精神與在地思考〉，《紀念辛亥革命100週年1911-2011：百年回首、承先啟後》，2011年，頁74-76。

本此觀點，本章嘗試以「大事記」表列形式將主要事例加以條列，扼要地呈現辛亥革命前夕至民國初年期間發生於星、馬當地的革命運動及其所舉辦的相關活動，藉以觀察革命黨人與當地英殖民地政府的互動關係，特別是面對殖民地政策轉變而作出之應對方略。

### 同盟會及國民黨於星、馬華社相關活動「大事記」（1910-1925）

| 年份 | 歷史事蹟 | 備註 |
|---|---|---|
| 1910年7月 | 由於清廷駐新加坡的領事和英殖民地當局干預及破壞同盟會在新加坡的活動；同盟會內部的長期不和造成革命派在新加坡的影響力急速下降，孫中山乃將新加坡同盟會南洋支部遷移至檳榔嶼。 | 吳世榮與黃金慶被任命為檳榔嶼同盟會南洋支部的負責人。 |
| 1910年11月13日 | 檳城、怡保、芙蓉等地同盟會代表參加孫中山在檳城召開的會議，決定速籌巨款，準備在廣州發動更大規模的武裝起義。 | 會後，同盟會檳城分會即召開大會，籌得資金8千餘元。庇勞部澤如在此次起義經費籌措上，用力最多、貢獻最大。 |
| 1910年12月29日 | 孫中山遭英殖民地政府華民參贊官促請離開檳城。 | 因孫氏在清芳閣俱樂部之演說被指不僅要求群眾支持中國革命、反對滿清政府及間接攻擊英國在馬來亞的殖民政策。 |
| 1911年10月10日至1912年1月1日 | 湖北武昌起義（又稱雙十起義）爆發，各省紛紛響應，成立軍政府。中華民國正式成立，孫中山於1912年1月1日在南京就任臨時大總統。 | 中國同盟會改組為國民黨。海外的同盟會支部也遵照總部指示，進行改組成為國民黨支部及分部，屬北京國民黨附屬組織。 |

| | | |
|---|---|---|
| 1912至1914年 | 1912年8月，孫中山在北京改組成立中國國民黨，英殖民地政府準其成立國民黨「馬來亞支部」；年杪復成立「星洲聯絡支部」。 | 1912之1914年在新、馬成為合法和公開活動的政黨（除了未獲註冊之檳城、巴生和庇勞的國民黨）。 |
| 1916年（民國五年） | 檳城閱書報社舉行「慶祝雙十節，並歡迎章太炎先生大會」。 | 章太炎於10月7日由新加坡乘遊輪，於9日抵達檳榔嶼，受到僑領及各界人士的踴躍歡迎。閱書報社於10日晚上邀請章氏演說。 |
| 1920年代中期開始 | 由於擔心當地華人的政治力量逐漸強大及他們的反英情緒，英海峽殖民地政府於1925年7月開始禁止和壓制當地國民黨的活動，並最終吊銷其註冊。 | 由於禁令推行不力，馬來亞國民黨仍在禁令壓制下繼續活動。 |
| 1925年 | 孫中山於1925年3月12日在北京逝世。新、馬國民黨於4月12至13日在新加坡舉行全僑追悼孫中山大會，致祭者逾十萬眾。 | 吉隆坡及巴生亦相繼進行追悼會。 |
| 1930年 | 海峽殖民地總督金文泰（Sir Cecil Clementi Smith）任上（1930-1934），[3]對馬來亞的中國國民黨採取強硬和嚴厲壓制政策，使馬來亞國民黨運動陷於癱瘓。在他治理下，國民黨黨員常遭逮捕，黨務幾近停頓。 | 新、馬許多華人仍具國民黨黨員的身份。雖然不能公開活動，國民黨的活動並沒有停止，只是潛入地下活動，或透過其外圍組織如檳城閱書報社來活動。 |

資料來源：劉崇漢〈孫中山與馬來亞（1900-1911）〉，《紀念辛亥革命100週
　　　　年1911-2011：百年回首、承先啟後》，2011年，頁34-42。顏清湟

---

[3] 金文泰爵士，原任香港總督。1930年2月，他被調到英屬馬來亞出任海峽殖民地總督及馬來亞高級專員（High Commissioner）。這位能講中文、福建話和廣東話的總督對國民黨採取高壓的鐵腕政策。鄭螺生這位國民黨活躍份子，在金文泰上任5個月後就遭驅逐出境，並撤銷其太平局紳（Justice of Peace）勳章。但一年後，他的驅逐令即被取消。【參引自陳愛梅〈二戰前華人政治參與模式──

著、李恩涵譯《星馬華人與辛亥革命》，1982年，頁269。陳是呈〈孫中山精神在檳城的傳承：以檳城閱書報社、鐘靈學校紀念活動和《光華日報》報導評述為中心（1927-1940）〉，《亞太研究論壇》第57期（2012年9月），頁139。胡興榮〈孫中山對馬來半島的影響與本土研究〉，安煥然等主編《孫中山與柔佛》，南方學院、新山華族歷史文物館出版，2012年，頁25。

　　縱觀上列諸事例，不難發現同盟會南洋支部（總機關部）自移設至檳榔嶼以來，革命黨人在當地推展革命活動時，總是小心翼翼。如：籌劃、募集辛亥廣州起義餉械款項時，乃以「中國教育義捐會」（Charity for Chinese Education）名義進行，免致當地政府之干涉。正當孫中山親自指導下的這項籌款運動順利地進行時，卻因其他事故（說詳見下文）而招來無妄之災，即突然接到檳城華民參贊司（Resident Councillor）的命令、促其離境。

　　殖民地政府驅逐孫氏出境的理由是：孫氏曾於1910年12月在檳城清芳閣俱樂部的一次公眾演說集會上，不只發言要求群眾支持中國革命，反對與英國建有外交關係的滿清政府，而且也間接地攻擊了英人在馬來亞的殖民政策。因為他警告各與會群眾，如果歐籍人民在馬來亞繼續增加，使英國殖民地政府認為可以取代各項華人服務的項目時，華人可能將自新加坡、馬來亞被排斥出去。孫氏的此一演說辭於發表後，在本嶼維新保皇派領袖林花簪等的指示和慫恿下，由廣福宮和平章公館的聯合書局邱哲卿筆錄下來，發表於維新派報紙《檳城新報》

以霹靂州之鄭螺生、許武安、鄭太平和梁燊南為例〉，《馬來西亞華人研究學刊》第16期，2013年，頁111-113。】

上。檳城親英國殖民地當局的英文《亦果西報》（*The Straits Echo*）不但在1910年12月2日（華按：一作11月1日？）將該文摘要轉載，而且還對孫中山在嶼的革命籌餉活動予以挖苦。海峽殖民地總督安德遜（Gavernor John Anderson）即據此指責孫中山發表煽動性公開演說，鼓勵聽眾支持革命、推翻滿清政權。他通過檳城參政司勸告孫中山，必須在12月7日自動離開檳城。[4]

這道突如其來的離境命令，無疑使孫氏措手不及，也令整個原定籌款計劃因此而被打亂了。

此外，類似的例子尚有：1912年8月，孫中山在北京改組同盟會成立中國國民黨。英殖民地政府竟令人頗意外的批準了這裡的僑社成立中國國民黨「馬來亞支部」，及其後於年杪成立「星洲聯絡支部」。最終，還是由於擔心當地華人的政治力量逐漸強大及他們的反英情緒，英海峽殖民地政府於1925年7月開始禁止和壓制當地中國國民黨支部的活動，並吊銷國民黨於馬來亞之註冊。更甚的是，海峽殖民地總督金文泰（Sir Cecil Clementi Smith）於1930年上任後，即對馬來亞的中國國民黨採取強硬和嚴厲壓制政策，使馬來亞國民黨活動陷於癱瘓。即令如此，許多新、馬華人仍具有國民黨黨員的身份。雖不能公開舉行，本地國民黨的活動卻並沒有停止，只是潛入地下活動，或透過其外圍組織如檳城閱書報社來活動。

---

[4] 參閱顏清湟著、李恩涵譯《星馬華人與辛亥革命》，1982年，頁269。又，見陳劍虹〈辛亥革命前夕革命黨人在檳城的言論分析〉，2011年，頁52。

另，補充一事例：中華革命黨黨務部長居正，曾於民國四年（1915）針對在地革命團體向他投訴有關「居留政府戒嚴，書信必受檢查」事，致函檳榔嶼支部長陳新政，發表其個人對應策略之建議云：「漏洩秘密，固當嚴防之事，然進行手續，必待戒嚴取消，方能照辦，恐於黨務不免停滯之虞。居留地秘密結社，雖有法律，若能智慮周密，巧避其條文之拘束，而半以勇力出之，雖不能積極進行，而亦不得云機關之無作用也。」[5]

　　凡此，均有助於深化吾人明瞭東南亞政局，特別是殖民地政府政策的種種變遷，不免令星、馬僑民涉及或參與的辛亥革命運動承受不少阻力和局限。但上舉例子顯示：官方的明令禁止，仍無法完全根除同盟會（及其後的國民黨）對當日在地僑社的影響力。在一定程度上，辛亥革命還促進了星、馬當地華人的民族意識和國家意識的覺醒（說詳見第十二章）。

---

[5]　轉錄自陳新政撰〈華僑革命史〉，張少寬著《孫中山與庇能會議：策動廣州329之役‧附錄》，檳城：南洋田野研究室，2004年，頁234-235。

# 第十二章　辛亥革命在新、馬華人政治史上的歷史意義

　　19世紀後期清朝華僑政策的變化[1]對華人社會所產生的變化，從政治史角度來看是為後來華人參政活動積累起進一步擴大和提高的歷史基礎。

　　正當清政府努力建立其與海外華人的政治關係的時候，19世紀末以康有為、梁啟超為代表的維新派與孫中山為代表的革命派分別向腐朽的清封建制度發起強力的衝擊。兩大政治派別先後在新馬發動了宣傳和組織上的鬥爭。他們之間的政治思想論戰以及他們在新、馬建立的政治組織活動，不論從思想上、政治上、組織上均空前地提高了本地華人的政治參與度（相對於英殖民地統治時期，華人對當地政治只是有限度之參與），推動了近代華人政治車輪的前進。

　　辛亥革命是新、馬華人歷史上首次在有明確政治綱領指

---

[1] 華按：鴉片戰爭後，清朝政府在內外交困的情況下，逐步改變其對海外華人的政策，不但主動承認海外華人是清朝的臣民（相較於之前的「天朝棄民」身份），並將海外華人當作爭取的對象。張應龍認為：此僑民政策的變化，無疑對華僑社會起到巨大的鼓舞作用，使新馬華人與中國的政治聯繫得到激活，與祖國的關係、對祖國的認同成為一種「社會記憶」。【參閱張應龍〈百年回眸：馬來（西）亞華人政治史之變遷〉，何國忠編《百年回眸：馬華社會與政治》，吉隆坡：華社研究中心，2005年，頁3。】

引下為了一種政治理想而進行的深度、空前的政治參與和政治鬥爭。在孫中山革命思想的影響下，新馬華人不但在輿論上、組織上、經濟上支援了辛亥革命，而且直接回中國參加革命鬥爭。

辛亥革命在新、馬華人政治史上的重要成果之一，就是在華人社會中產生有政治綱領指引的政黨組織以及黨員和民眾追隨者，使新、馬華人在歷史上有了現代意義的政治組織和政治活動。新、馬華人在辛亥革命中積累的經驗，為後來的參政活動打下了堅實的基礎。張應龍認為：從這個意義而言，討論新、馬華人與辛亥革命問題時，應該對辛亥革命時期新、馬華人在政治上的成長予以高度的評價，應該充分認識到它在華人政治史上的歷史意義。[2]

---

[2] 張應龍〈百年回眸：馬來（西）亞華人政治史之變遷〉，何國忠編《百年回眸：馬華社會與政治》，吉隆坡：華社研究中心，2005年，頁4。

# 小結

　　辛亥革命悠忽走過百年，總結這段歷史，孫中山革命的
目標當然是為了中國，它原本和新、馬這塊土地並不存在必然
關係，但歷史的因緣際會導致了新、馬華人當年廣泛投入他
所領導的革命活動。胡興榮認為：「當中的主要原因是新、馬
在地理上乃最靠近中國的地區，更何況這裡當時是殖民地，並
且擁有眾多華僑可提供革命所需的資源，於是順理成章成為革
命的策源地。但嚴格來說，包括孫中山本人及其追隨者，對新
馬而言，皆過客也；可是藉由成立革命組織、演說及創辦報
刊，除了在這片土地上點燃民族主義的熾熱與追求，並恰如其
時化解了方言群的藩籬及各自為政的習性，進而推動了本土文
明的進程。」[1]

　　黃堅立認為：「中國海外的華僑社群，從共和革命運動
一開始就佔有一席之地，因為孫中山在1894年就成立了第一個
海外中國革命組織——興中會。從1896年到他1911年返回中國
之間，孫中山是長期流亡海外的清廷重犯。分散於各國的華

---

[1] 參引自胡興榮〈孫中山對馬來半島的影響與本土研究〉，安煥然等主編《孫中山與柔佛》，南方學院、新山華族歷史文物館出版，2012年，頁25。

僑給他和革命同僚提供了急需的財物、宣傳、人力、以及安身之處。在這一方面,擁有最密集華僑人口的南洋是有貢獻的」。[2]

顏清湟則針對性的指出:由孫中山主持、於1910年11月13日在檳城召開籌備3‧29廣州起義的著名「庇能會議」,使馬來亞華人在中國革命史上寫下了光輝的一頁。1911年10月10日武昌起義的爆發,新馬華人在中國革命行動中亦作出了重大的貢獻,尤其是在廣東和福建建立革命政權方面。如果沒有新馬華人最初所提供的財力援助,這兩省的革命政權可能遭受挫折。[3]

中華民國於1912年的誕生促進了海外華人與他們故土的關係。馬來亞與新加坡華人如同世界其他地區的華人一樣,都對新政府抱以深切的期望,希望它能提升中國的地位以及華人在海外的地位。但這個期望卻因1913年第二次革命的失敗,袁世凱於1914至1916年的獨裁政權以及中國被分割為軍閥統治所破滅。儘管失望,馬來亞與新加坡的許多華人仍然在背後支持孫中山。

他續稱:同盟會於當地的支部首先被轉變為國民黨的支部,並於1913年第二次革命失敗後重組為中華革命黨,而於

---

[2] 黃堅立〈儀式與潛流——南洋的辛亥革命紀念(1925-1941)〉,黃賢強、陳丁輝、潘宣輝主編《孫中山和革命志士:歷史、記憶與反思》,晚晴園——孫中山南洋紀念館、新加坡國立大學中文系出版,2012,頁57-82。

[3] 顏清湟〈華人歷史變革(1403-1941)〉,林水檺等主編《馬來西亞華人史新編》第一冊,吉隆坡:馬來西亞中華大會堂總會,1998年,頁35-36。

108
中山先生與檳榔嶼

1920年重新轉回國民黨。名字的一再更換，反映了孫中山與他的政黨在中國政治命運的波折。而第二次革命的失敗，更使他離開中國前往海外的華族社群尋求經濟與政治援助。以新、馬為例，當時新加坡、檳城、吉隆坡、馬六甲、怡保、太平、芙蓉、麻坡、亞羅士打和文冬原有的主要國民黨支部都成功的改成中華革命黨支部。此外，該地區的忠實追隨者，如新加坡的張永福和陳楚楠、霹靂州的鄭螺生和李源水以及馬六甲的沈鴻柏、檳城的陳新政等也都給予孫中山不二的效忠。

馬來半島與新加坡的中華革命黨的顯著成就，在於它支持孫中山於1915年至1916年期間與袁世凱對抗而進行的籌款活動。當地的支持者共籌得$237,000叻幣，佔全球海外華人所籌得的總數（$1,200,000）的百分之二十。馬來半島和新加坡四分五裂的中華革命黨支部於1920年在新國民黨的重組下恢復了它在該區的政治活動。而它於1920年至1925年間的主要衝勁，便是支持中國國民黨的籌款活動。國民黨在廣州創立總部，使得它的經濟需要更為迫切。廣州國民黨政府的開支以及它與南部軍閥的連續戰爭需要龐大的經濟援助，而馬來半島和新加坡的國民黨支部共捐助了$400,000。[4]

總的來說，孫中山在海外的頻繁活動，讓海外華僑登上中國革命的大舞台。他們既踴躍捐輸，亦協助宣傳革命和成立

---

[4] C. F. Yong and R. B. McKenna, *The Kuomintang Movement in British Malaya, 1912-1949*. Singapore: Singapore University Press, 1990, p. 39. 轉引自顏清湟〈華人歷史變革（1403-1941）〉，林水檺等主編《馬來西亞華人史新編》第一冊，吉隆坡：馬來西亞中華大會堂總會，1998年，頁45-46。

革命組織；當中，直接投身革命起義者亦大不乏人。辛亥革命最終成功推翻滿清政府，有賴中山先生領導的前後十次起義奠定基礎，並於世界各地播下革命的種子。所以，有論者認為：辛亥革命「可能是有史以來最『全球化』的革命」，它「是全世界華人的革命，也是知識分子領導的平民革命。」[5]

---

[5] 潘漢唐演講、蘇熙整理：〈辛亥革命洪流中的台港澳〉，刊《明報月刊》2011年5月號，頁100-104。

# 後記

　　孫中山於1925年3月12日在北京逝世以後，新、馬華僑與全世界華僑一樣深表哀慟。例如：英屬馬來亞首都吉隆坡的《益群報》，不僅以最快的速度在3月13日發號外，向吉隆坡的華人宣布噩耗，而且在以後近一個月時間裡，幾乎把所有的新聞版面都用於刊載孫氏的治喪活動，國民黨治喪委員會的消息、海內外各地的悼念活動、各團體、個人的唁電、悼文、紀念文章等。與此同時，在孫中山逝世後的近兩個月內，該報刊載有關的新聞可謂鋪天蓋地，有時一天多達三、四十條，平均一天也有十二、三條，而且各類體裁皆有。[1]

　　另一方面，除了跟進於同年稍後舉辦大型追悼大會[2]以外，本地音樂家亦創作了多首歌曲以表哀思，民間更是藉各種不同的形式緬懷一代偉人的逝世。以下摘錄題為《追悼孫中山

---

[1] 參引自徐龥奮著《鐵筆春秋：馬來亞《益群報》風雲錄》，新加坡：新社出版，2003年，頁162-163。

[2] 例如：雪蘭莪古毛（Kuala Kubu Lama）華社於1925年4月3日假當地競明學校舉辦「華僑追悼孫公大會」。與會者百數十人，皆全身素白、左臂纏黑紗，場面肅穆。柔佛新山的南洋華僑公所即發出通告，籲請當地各團體、學校、商店下半旗致哀，並召集全埠華僑於1925年4月12日，假寬柔學校舉行追悼開國元勳孫中山先生大會。當日出席者達500餘人，場面肅穆悲壯。

先生》的歌詞（邱斌口撰歌、曾口生製譜），便是當年留下之
其中一首哀思歌曲，內容悲戚、催人落淚：

> 亞洲大陸鼎沸甚，奇男志冠世；大矣中山孫先生，精神
> 其無愧。
> 大廈將傾患堪虞，君子其憂時；民國先生手所創，孤掌
> 惜難鳴。
>
> 語兄弟，莫大意，先生今死矣，泰山頹兮天黯淡。
> 風飄兮，雨搖兮，內憂復外患，棟折樑斷奈口存。
>
> 待建設，身先崩，何處招國魂？涕淚涔涔，且狂歌。
> 挽狂瀾，作砥柱，支撐知是口，先覺已矣，後起繼。
>
> 歌當哭，嗟予其從縱？
> 眾勉勵，克繩口口口。[3]

　　無庸諱言，中華民國成立後，國民黨對新、馬華人社會
的影響始終未曾中斷。透過國民黨所主導和操辦、每年於世界
各地僑居地（包括新、馬兩地）舉行的三大紀念日及其紀念儀
式，[4] 藉以建構其政權的合法性，並進一步將之神聖化，賦之

---

[3] 摘錄自陳丁輝主編《百年晚晴》，新加坡：晚晴園—孫中山南洋紀念館，2012
年，頁94。華按：以「口」代替者，乃因原件之字跡模糊不清，難以辨識故也。
[4] 華按：即雙十國慶日（10月10日）、孫中山忌辰紀念日（3月12日）及孫中山誕

以象徵意義，象徵國民黨的光輝革命歷史。與此同時，紀念先烈為繼承其遺志，在革命道路上繼續前行。紀念他們為不忘先烈的未竟事業，時時鼓勵革命的後繼者。以此為國民黨政權的合法性提供歷史記憶資源。[5]

10月10日雙十節國慶紀念日乃國民黨與國民政府最為重視的紀念日。該紀念日為紀念辛亥武昌起義，即令在民國北京政府歷史上也被確認為國慶日。不過，北京政府與南京國民政府對國慶日的宣傳和內涵的建構顯然有差別，北京政府注重「共和」國慶日的建構，而南京國民政府側重於弘揚和宣傳國慶日所具有的「革命」思想和理念。在國民黨獲取全國性政權後，更將之作為國家形式擴大宣傳和紀念。[6]

除此之外，國民黨在孫中山逝世後，非常重視對孫中山政治象徵符號的建構和傳輸，通過儀式、話語和政治動員等權利技術和運作手段，不斷喚起民眾對孫中山的社會記憶。對國民黨而言，孫中山是三民主義意識形態的創始人，是政治意識形態的權威象徵，掌控這一權威，即為其提供統治的合法性，又有助於其統治的便捷。國民黨通過舉行總理（孫中山）逝世日、誕辰日等一系列紀念儀式來展現其對孫中山政治象徵的獨佔權。故此，該黨在孫中山逝世後一致定位並不斷提

辰紀念日（11月12日）。紀念儀式包括：休假一天，懸旗扎彩提燈籠志慶、各團體、機關、學校分別集會，並由當地高級黨部召開各界慶祝大會。

[5] 郭輝著《民國前期國家儀式研究（1912-1931）》，北京：社會科學文獻出版社，2013年，頁218。

[6] 同註148，郭輝著前揭書，2013年，頁202。

升孫中山的精神領袖地位。[7]

　　1925年至1941年間可以被認為是南洋華僑的「民族主義高潮時期」。南洋各處的華僑每年都有慶祝辛亥革命雙十節紀念活動。雙十國慶是培養華僑對祖國的民族意識不可缺少的關鍵組份。年復一年的重演固定慶典儀式，有利於宣傳孫中山、國民黨與其國民政府的歷史地位。黃堅立於〈儀式與潛流──南洋的辛亥革命紀念（1925-1941）〉一文中精確地指出：在研究孫中山、南洋華僑與辛亥革命這三方關係的過程中，探究從1925年3月（孫中山的逝世）至1941年底（日軍侵佔東南亞）的辛亥革命週年紀念，孫中山的過世，與日後他在國民黨的正統歷史著作中被抬高至神化似的地位，經為10月10日的週年紀念活動打開了新的篇章。在這個稱為「雙十節」或「國慶日」的一天，孫中山的遺照和遺囑都會是紀念儀式的焦點。[8]

　　需要說明的是：居住在海外的南洋華僑必須面對當地殖民政權的約束，導致他們的紀念活動與中國國內相比有著不同的色調。另一方面，紀念活動在不同年份的最終格式和色調，也會受到當時的（中國）社會政治局面（如黨內派別鬥爭、日本入侵中國、各類天災等因素）所影響，而構成文中所謂的「潛流」。因此，黃堅立強調：「（研究南洋的辛亥革命

---

[7] 陳是呈〈孫中山精神在檳城的傳承：以檳城閱書報社、鐘靈學校紀念活動和《光華日報》報導評述為中心（1927-1940），《亞太研究論壇》第57期（2012年9月），頁139。

[8] 黃堅立〈儀式與潛流──南洋的辛亥革命紀念（1925-1941）〉，黃賢強、陳丁輝、潘宣輝主編《孫中山和革命志士：歷史、記憶與反思》，晚晴園（孫中山南洋紀念館）與新加坡國立大學中文系聯合出版，2012年，頁58，81。

紀念時）除了注意形式化的儀式外，也必須去挖掘儀式底下的微妙潛流。只有讓儀式與其潛流配搭在一起，我們才能夠真正地領悟到南洋各地舉辦辛亥革命雙十節（及孫中山逝世日、誕辰日）紀念的意義與其辛酸苦辣。」[9]

　　綜上所述，人們不禁要問：究竟（仍）有多少華僑完全置身於中國革命？著名南洋華人史專家王賡武認為，「很難做出準確的統計。所能看到的是，大多數華僑關心革命，一部分人並為他們選擇的革命而戰鬥。但是長遠來看，由於在當地求生存佔據了他們的大部份精力，因此，當黨爭似乎沒完沒了且毫無用處時，在每一華僑社區，越來越多的人開始不再熱衷於中國政治。到二戰結束時，華僑和華人都渴望飽受戰火蹂躪的中國能得到和平，被嚴重摧殘的中國經濟能得以重建。對高層腐敗的日益厭惡及難以控制的通貨膨脹使許多華僑不再返回中國。至此，大多數華僑已認識到：他們的未來在國外，在國外能比在國內更好地幫助中國。」[10]

　　他續稱：（在三種類別的「華僑」、「華族」和「華人」當中）「能被稱為『愛國華僑』的華僑無論如何都會熱愛中國；華族大部份從事競爭激烈的商業活動而不願涉及任何政治；成為當地公民的華人則認同其政府的立場」。（一般而言），「華裔為具有中國血統而深感自豪，並希望中國的存在能有助於他們的安全和生活。而對那些擁有當地國籍的華人

[9] 同註150，王堅立前揭文，2012年，頁58，81。
[10] 王賡武〈中國革命與海外華人〉，劉宏、黃堅立主編《海外華人研究的大視野與新方向：王賡武教授論文選》，新加坡：八方文化企業公司，2002年，頁218。

來說，他們一直盼望著這一天，即其中國血統是財富而不是累贅」。他認為：「要讓國外的華人再一次擁護中國的另一次革命，（已）似乎是不可能的事情。[⋯]新的一代，無論是華僑、華族還是華裔，能比其先輩更好地判斷前路在何方。這些海外華人在世界各地的新家園中安居樂業，那些受過良好教育、擁有專業技術者，在思想觀念上越來越國際化」。因此，他認為：「在未來的幾十年中，他們可能將中國革命當作歷史來看待，其中有鼓舞有輝煌，也有悲劇和失敗。革命對他們而言，仍是一個令人敬畏和惹人悲傷的話題，但是他們可以得出這樣的結論：無論成敗，革命在中國已經告一階段，而他們仍需繼續前行」。[11]

話雖如此，對研究辛亥革命史的學者們來說，孫中山和辛亥革命仍是個說也說不完的課題；尤其對在南洋老一輩的人來說，孫中山和辛亥革命是他們忘也忘不了的歷史記憶。證諸晚近舉行的一連串與孫中山和辛亥革命相關的活動，是說誠不虛也。

在檳榔嶼喬治市這個被列為世界文化遺產城市裡，孫中山及其支持者的相關建築大部份至今仍聳立其中，我們還能依循著這些「據點」，[12]踩著偉人的足跡，去追憶和親身感受那

---

[11] 王賡武〈中國革命與海外華人〉，劉宏、黃堅立主編《海外華人研究的大視野與新方向：王賡武教授論文選》，新加坡：八方文化企業公司，2002年，頁219-210。

[12] 這些據點包括：打石街門牌25號吳世榮私宅；中路門牌65號小蘭亭俱樂部

一段驚心動魄的史實。檳城世遺辦事處顧問兼檳城古蹟信託會財政林玉裳小姐近日就發表了一篇題為〈檳城孫中山史蹟巡禮〉[13]的文章，精要地為我們揭示和介紹孫中山在檳城遺留的一些重要史蹟。這些史蹟均設有簡介說明的指示牌，方便尋訪。

另一方面，由檳城古蹟信託會策劃及呈現的「檳城喬治市孫中山史蹟巡禮」地圖與涵蓋15個與孫中山及其追隨者有關的史蹟簡介圖文，如今可見於該信託會的官方網頁。這是繼香港「孫中山史蹟徑」之後，以孫中山史蹟為主體所規劃的觀光路線，呈現了孫中山及其追隨者在檳城留下的戰前老建築或所成立的學校和組織。該地圖和史蹟簡介圖文PDF版，允許下載打印，對喬治市孫中山史蹟感興趣的旅客探訪時帶來莫大的便利。

另一方面，據個人手頭收集到不完全的資料，《亞洲周刊》（中文版）就曾先後於2003年，2008年及2011年共三度以辛亥革命相關圖像作為其周刊封面和主題。2003年，該刊是以電視劇《走向共和》為引線，打出「共和新旅程：電視劇引發全民對政治改革期許中共七一黨慶落實透明化及問責制」作為大標題和相關劇照作為該刊第17卷第26期的封面。2008年則以

---

（1911年後成為檳城閱書報社，現為檳城孫中山紀念館）；打銅街門牌120號（現為檳城孫中山檳城基地紀念館）；柑仔園門牌400號（1910年孫中山寓居於此）；柑仔園門牌94號（檳城閱書報社舊社址）；紅毛路五層樓豪宅（吳世榮妻子家族私宅，後被出售以資助革命）；平章會館（今檳州華人大會堂）；中路清芳閣。

[13] 該文刊載於《香港文學》第347期（2013年11月號），頁12-14。

「尋回孫中山：中國大陸泛藍聯盟現象」為主題，以及孫中山隱現圖像作為該刊第22卷第十八期的封面。2011年辛亥革命百年之際，該刊乃以「辛亥100驚奇：兩岸顛覆民國符號」為主題、孫中山照片為第25卷第41期的封面。其目的在於引起該刊讀者對辛亥革命課題的注意和反響。

　　就新、馬兩地而言，新加坡晚晴園成立百年之際，新加坡華裔館與孫中山南洋紀念館（晚晴園）於2006年6月12日聯辦了一場以「再讀同盟會，孫中山與東南亞華人」作為主題的國際研討會，並於同年10月出版了與研討會主題同名的中、英文研討會論文集一冊。

　　配合「孫中山冥誕140歲暨訪馬100週年慶典」，由馬來西亞《東方日報》主辦，雪隆中山同鄉會、吉隆坡尊孔獨立中學聯辦，並在完美（中國）日用品有限公司贊助下，於2006年11月19日假吉隆坡尊孔獨立中學禮堂舉辦一場「孫中山革命百年：中華文化演變與影響」的東方日報「大講堂」講座。

　　2011年辛亥革命百年之際，柔佛新山中華公會轄下的新山華族歷史文物館與南方學院聯辦於2011年6月25日假南方學院舉行一場「孫中山與柔佛學術研討會」，目的在於「提倡孫中山不屈不撓的精神」。與此同時，大會亦假新山華族歷史文物館製作了「孫中山與柔佛特展」。由安煥然、吳華、舒慶祥主編的《孫中山與柔佛》會議論文集，則於2012年5月出版。

　　此外，欣逢辛亥革命一百週年，「秉持緬懷先賢、展望未來的信念」，晚晴園（新加坡孫中山南洋紀念館）、新加

坡國立大學中文系與台北國父紀念館，於2011年11月3至4日假新加坡濱華大酒店聯辦了主題為「辛亥革命：孫中山、革命志士與新世紀展望」的國際學術研討會。研討會結束後，於2012年出版了由黃賢強、陳丁輝、潘宣輝主編的《孫中山和革命志士：歷史、記憶與反思》及《孫中山和革命志士：理想、實踐與新世紀展望》研討會論文集。

本世紀初以來本地出版的相關著作，尚有：張少寬著《孫中山與庇能會議：策動廣州三、二九之役》、邱思妮著、陳耀宗譯的《孫中山在檳榔嶼》，以及劉釗伊編著的《孫中山在馬、新》等數種。這幾本著作，本書前文中已加以介紹，茲不贅述。

此外，還有由民間組織「檳城孫中山協會」與南方學院學術研究處聯辦了一場「多元文明國度的展開──重新認識孫中山的人文價值觀」講座暨孫中山文物資料交流會，於2010年6月24日假柔佛南方學院舉行。該協會復牽頭發起與檳城孫中山紀念館、檳州華人大會堂及檳威華校董聯會於2010年11月19-22日在檳城聯辦了「孫中山庇能會議一百週年慶」系列演講和交流會活動，並於稍後出版了相關紀念冊。

由馬來西亞中華總商會（中總）、馬中友好協會主辦、大馬支持一中協會、馬來西亞中華大會堂總會（華總）協辦，金獅集團、完美集團、海鷗集團贊助的「辛亥革命100週年紀念（1911-2011）」大型慶祝活動於2011年12月29至30日一連兩天假吉隆坡州立華校禮堂和酒店隆重舉行；31日的紀念晚宴則假One World Hotel舉行。與此同時，還同步推出了《辛

亥革命100週年紀念（1911-2011）：百年回首・承前啟後》圖文並茂的紀念特刊，以誌其盛。特刊中輯入了廣東省作家協會和廣東省音樂家協會主席團成員、廣東音樂文學協會副會長丘樹宏[14]創作的長篇《孫中山（組歌）——獻給偉大的辛亥革命100週年》，內容涵蓋了與中山先生生平事蹟和思想主張等各個主題，計分：翠亨村、敢為天下先、三民主義、建國方略、博愛、天下為公、中山路、中山魂及「世界潮流」共9章。各章歌詞緊密相扣，意涵豐富感人，值得廣為傳頌。（全文見本書附錄六）。

配合馬、中建交38週年暨孫中山先生踏足南洋112週年，由中山市政協、完美（中國）有限公司主辦的「完美・中國杯『偉人中山華僑情』大型交響音詩——孫中山」海外巡演吉隆坡站首演於2012年8月11日晚上8點半假吉隆坡國際會議展覽中心劇場隆重舉行。是項演出與前述幾項孫中山紀念活動均與丹斯理古潤金及其擁有的完美（中國）有限公司有密切的關係。[15]

---

[14] 丘樹宏，筆名秋樹紅、香山一樹，九連山人；1957年廣東河源連平縣出生。他擁有多個職銜，包括中國作家協會會員、中國音樂家協會會員、中國詩歌學會理事、廣東省作家協會和廣東省音樂家協會主席團成員、廣東音樂文學協會副會長等。丘是個多產的文藝家，作品榮獲多項獎項，包括2011年度「郭沫若詩歌獎」。

[15] 據《演出手冊》「總冠名單位簡介」：完美（中國）有限公司是馬來西亞完美資源有限公司於1994年在廣東省中山市投資設立的僑資企業，經營保健食品、化妝品。經過19年努力，完美公司已成長為集研發、生產、經售和服務於一體的現代化直銷企業，綜合實力與日俱增。又，丹斯理古潤金是馬中友好協會的副會長等。

上舉各類緬懷孫中山的紀念活動近年來不間斷地在新、馬舉行，顯示中山先生在新、馬華社佔有崇高的地位。新、馬來西亞華人對中山先生所秉持的「不屈不撓」的革命精神和「天下為公」的博愛精神十分敬佩，並藉由各類活動之舉辦「緬懷先賢，展望未來的信念」。

# 附錄一 中山先生革命事業 忠實擁護者傳略選錄 （馬來亞部分）

## 一、陳粹芬（1874-1962）[1]

孫中山先生的如夫人，祖籍福建，原名香菱，1874年出生於香港。因排行第四，故人稱之為「四姑」。陳粹芬17歲初遇孫中山，從此成為他倡導革命初期的忠實和親密伴侶。1895年廣州起義失敗後，陳粹芬隨同孫中山流亡海外。她不僅協助孫中山安排日常作息，也投身危險的革命工作，包括為革命黨人在香港和橫濱之間傳遞消息和偷運軍火。在馬來亞奔走革命期間，她甚至親自下手印刷反清宣傳品，贏得革命同志的尊敬和欽佩，一致認為她是一位頗具「英雄氣概」的革命女性。

陳粹芬於1910年8月抵檳城於孫中山會合。她不僅為孫家，也為革命同志們料理家務、洗衣和做飯。孫被驅逐出境

---

[1] 參引自邱思妮著《孫中山在檳榔嶼》中譯本，檳城：Areca Books，2010年，頁92-93。又，見劉釗伊編著《孫中山在新馬》，檳城：光華日報出版，2013年，頁35-46。華按：劉氏編著，有關陳粹芬的生平資料多由孫乾之次子孫必興所提供。必興曾與雙重親屬關係的阿太陳粹芬相處共十八年，既是她的外孫，也同時是她的曾侄孫。

後，陳粹芬代表他前往怡保為革命運動籌款。

陳粹芬與孫中山的原配盧夫人相處融洽，形同姐妹。她雖未曾與孫中山正式結為夫婦，但被孫眉及盧夫人視之為如夫人，也一直把她當作家族成員之一，且在孫家族譜中註明其為孫中山之側室。孫的子女稱她為「二媽媽」。多年以後，孫中山再婚，孫家人暱稱盧夫人為「澳門婆」、陳粹芬為「南洋婆」，而宋慶齡則被暱稱為「上海婆」。

1912年2月，陳粹芬與盧夫人及孫的兩個女兒乘船前往中國。她在澳門留了下來，其他人則續程前往中國與孫中山會合。她始終珍藏著孫中山送給她的兩件珍貴禮物：一隻戒指，和一隻金質懷錶。後者是孫的恩師康德黎博士送給他的禮物。

她與孫中山分手後，於1914年從澳門前往馬來亞，先後寓居於檳榔嶼、太平和怡保長達十餘年。由於沒有生育，她後來領養了移居怡保的蘇昌煥之一名孫女，改名孫仲英。1931年，應孫中山長子孫科之請，陳粹芬回香港定居，次年遷居廣州，以便養女讀書。1937年，這位養女嫁給孫眉的孫子孫乾，他倆在意大利結婚，並復名蘇仲英。1939年，夫婦倆和剛滿一歲的長子必勝自意大利回國，途經馬來亞探親。同年，於怡保誕下了次子必興。另外三子必達誕生於香港、必成誕生於中國、必立則誕生於澳門。

1962年10月21日，年邁體弱的陳粹芬在香港去世，被安葬於香港荃灣華人墓地。1992年6月5日，孫乾由美國返回香港，改葬岳母陳粹芬的遺骨於中國廣東省中山市南朗鎮崖口村譚家

山孫家族墳場西北山頂。墓碑上銘刻文字曰：妣十八世孫夫人陳粹芬之墓　侄孫金乾立。[2]

近年來，許多書籍開始記載陳粹芬為中國革命所作的關係，其中包括：沈飛德撰《民國第一家——孫中山的親屬和後裔》，即稱譽她為「功成身退的紅顏知己」；孫必勝著《我的曾祖父孫眉》一書，附錄了一篇題為〈我的外祖母阿太陳粹芬〉一文，記錄了陳粹芬與孫氏家族的重要事蹟。[3]

臺灣師範大學政治學研究所的黃城也於近期發表了〈孫中山先生與陳粹芬女士的幾個關連之初步檢證——對蘇恩待先生談話的商榷〉一文，針對蘇恩待於2011年5月初在中山市向臺灣國父紀念館副館長曾一士先生暨當地媒體講述「孫中山與陳粹芬女士的若干秘史」談話，於2011年11月3至4日假新加坡濱華大酒店舉行的「辛亥革命：孫中山、革命志士與新世紀展望」國際學術研討會上作出了評述。他認為：「蘇恩待先生所提出來的那些秘辛，確實饒富興味，但在人事已杳、文獻淹沒的條件之下，要想透過可靠的研究方法來考證真相，實在是難上加難」。[4]言外之意，有關秘辛尚待日後掌握更多的資料後，方可進行深入研究。

---

[2] 參閱劉釗伊編著《孫中山在新馬》，檳城：光華日報出版，2013年，頁42-44。

[3] 轉引自劉釗伊編著《孫中山在新馬》，檳城：光華日報出版，2013年，頁45。

[4] 黃城〈孫中山先生與陳粹芬女士的幾個關連之初步檢證——對蘇恩待先生談話的商榷〉，黃賢強、陳丁輝、潘宣輝主編《孫中山和革命志士：歷史、記憶與反思》，晚晴園——孫中山南洋紀念館、新加坡國立大學中文系出版，2012年，頁128。

## 二、沈鴻柏（1873-1950）

遠在孫中山尚未抵達馬來亞宣傳革命前，沈鴻柏已經具備革命思想，邀集志同道合者創辦「救國十八友」，成為清末時期馬來半島南部的「反滿」領袖。

沈鴻柏，祖籍福建晉江。幼年隨父親沈廷獻遷寓廈門禾山，曾受過短期舊式教育。少年時（約莫1893年），年僅20歲的沈鴻柏應兄長沈鴻恩之邀南渡，由廈門抵達馬來亞。他先後在柔佛東甲及馬六甲浮羅加東從事碩莪與橡膠種植，佔地超過2萬英畝。後與友人合資經營貿易業務，並自創明新印務公司。由於經營得法，成為著名富商。

甲午戰爭，中國戰敗後，清政府將臺灣割讓給日本，沈鴻柏感嘆清廷之衰頹、民族之不振，遂於1899年與有志青年在柔佛東甲組織「救國十八友」，並在馬六甲與東甲一帶宣傳救國道理，聞者動容，推之為一區之長。

20世紀初，孫中山到訪新加坡時，沈鴻柏被推選為組織代表前往謁見。1908年，「救國十八友」被納入同盟會，成為同盟會馬六甲分會。據沈鴻柏之子沈墓堯指出：沈鴻柏是孫中山的忠實支持者，出錢出力，備嘗艱苦。他經常被殖民地政府請去問話。為此，他和孫中山等人來往之信件，不得不易名為林海秋。[5]

---

[5] 參閱自劉釗伊編著《孫中山在新馬》，檳城：光華日報出版，2013年，頁134。

從辛亥革命、二次革命、討袁護法，東征北伐、十年內戰到抗日戰爭，沈鴻柏始終無私奉獻。中華民國成立後，沈鴻柏在馬六甲積極展開「除舊布新、剷除封建陋習」宣傳活動，勸說華僑男士剪髮辮、女士放縵足，實行婚姻簡辦、新辦，還創辦馬六甲中華閱書報社，組織演講團，自兼團長。此外，他還致力於馬來亞文化教育事業的發展，充分體現了早年同盟會所發揚的關心民族命運之精神。1913年，沈鴻柏與陳齊賢、曾江水等人創辦培風兩等小學。該校於1925年改名培風中學，是迄今為止馬六甲州內唯一的華文獨立中學。他亦曾於1929年於馬六甲出版《僑民週報》，因持續虧損而於三年後停辦。

1950年6月8日，沈鴻柏病逝於馬六甲，終年78歲。每天前往喪居瞻仰遺容致敬者，平均約1千人。出殯當日，前來執紼送葬者竟達逾萬人之眾，可謂生榮死哀。[6]

## 三、杜南（1854-1939）

吉隆坡革命先行者——杜南，廣東順德人，生於1854年，卒於1939年。幼時受良好傳統教育，大約在1879-1883年間，受聘在檀香山教授美國政府官員學習廣州話和中文，認識了孫中山先生，其後回中國後時有來往，對反滿的革命思想有共

---

[6] 參閱自劉釗伊編著《孫中山在新馬》，檳城：光華日報出版，2013年，頁135-137。

識。後為了擺脫滿清逮捕，他於1879年遠走越南，最後到了吉隆坡，教授歐洲人學習中文。他組織吉隆坡中國青年益賽會作為掩飾，進行革命活動。他也推廣文明新戲，推動戒菸運動。

孫中山於1906年到吉隆坡宣傳革命時，他帶著長子杜冠熊及三子杜著新參加同盟會。在他倡議下，孫中山在剛落成不久的蘇丹街大戲院發表演講。

辛亥革命勝利後，國民政府於1911年3月1日特頒予杜南旌義狀。黃花崗七十二烈士碑獻石中有一塊就是他領導組織下的「吉隆坡青年益賽閱書報社」獻石。

他是個教育家，在Old Pudu Road設立杜南學校，創造一種串音新字以協助學生學習華文。他的學校是男女同校制，在當時是開風氣之先。吉隆坡尊孔學校開辦，他是積極的策劃者和支持者。[7]

## 四、鄧澤如（1869-1934）

鄧澤如，原名文恩，字遠秋，號澤如，廣東新會棠下人。18歲因家貧，隨族人前往英屬馬來亞謀生。他曾在馬來半島的橡膠園當僱工，後來轉到「錫礦大王」和「橡膠大王」陸

---

[7] 參引自朱魯大〈孫中山與杜南──紀念孫中山誕生120週年〉，《杜南先生哀思錄》再版附錄四，1992年，吉隆坡杜至昌自印，無註明頁數。華按：原文刊《星洲日報‧文化版》1986/11/29。又，見劉釗伊編著《孫中山在馬新》，檳城：光華日報出版，2013年，頁170。

佑處當炊事員。因工作勤奮，很快得到陸佑的賞識，被提升到賬房工作。不久，他赴霹靂金保開礦，又轉往森美蘭瓜拉庇勞開墾和種植橡膠，並開設圖南藥材店，經營雜貨生意。經過多年努力，鄧澤如擁有一批店鋪及500多畝橡膠園，成為當地華社的一名實力派領袖。

二十世紀初，鄧澤如開始投入中國的革命事業，並於1907年出任同盟會瓜拉庇勞分會會長。據說當年孫中山準備發動鎮南關起義，急需軍餉，便寫信交給汪精衛讓他去馬來亞找耳聞已久的富商鄧氏募款。汪經越南到馬來亞找鄧氏，適逢鄧不在家，便將信留下後離開。鄧回來後，見到孫中山的信，乃急馳數百里直追汪精衛，捐助數千元，以解軍餉之急。[8]

臺灣歷史學者、國史館館長呂芳上曾於一篇題為〈鄧澤如與辛亥革命〉的論文中指出：鄧氏於1907年結識孫中山後，矢志追隨；孫中山亦對他信任有加，舉凡南洋黨務之推進，財政之籌募，同志之接洽，各埠之聯繫，無不推鄧澤如擔任，而鄧也欣然受命，悉力以赴。呂氏續稱：從1907年9月至1910年8月，革命黨在滇桂邊區及廣東發動的5次起義中的前4次（防城之役、鎮南關之役、欽廉之役、河口之役），孫中山都有寫信要求鄧協助籌款。在前4次起義，鄧至少先後籌得5700元叻幣交孫中山（不包括鄧交給汪精衛數的本身千元捐款）。他讚譽鄧澤如「在南洋僑界，雖非最早加入革命者，也非獨立捐資最多者，但從1906年投身革命行列開始，他算得上是華僑志士中

---

8 參閱自劉釗伊編著《孫中山在新馬》，檳城：光華日報出版，2013年，頁63-65。

奔走革命甚力、任事勤奮且熱心服務，對革命運動最能持久不懈，不斷作出貢獻的一人」。[9]

資深報人陳駒騰亦指出：鄧澤如在孫中山歷次領導的武裝起義中，扮演了舉足輕重的「籌款人」角色，特別是在辛亥「三‧二九」廣州起義中，他被委以重任，負責馬來亞各地籌款事宜。他續稱：1910年11月「庇能會議」召開之後，同盟會領袖分頭奔走南洋各地籌款，但走遍新加坡、怡保及太平等地皆反應不佳。胡漢民在新加坡籌款數十餘日，竟不及萬元，在焦急之下，只好托黃興帶了一封信到芙蓉找鄧澤如幫忙。當時鄧夫人剛誕下第一胎兒子鄧光夏（黃興所起名者）。為了籌款支持革命，鄧毅然拋下妻兒，與黃興走遍芙蓉、麻坡、馬六甲、怡保等地，積極勸募，力挽狂瀾。經鄧與黃等人奔走呼號，馬新各地華僑共捐款47663元，佔黃花崗起義各地華僑捐款的第二位。[10]故此，鄧澤如有「革命籌款機」之稱譽。[11]

1912年，中華民國臨時政府成立後，鄧澤如應召回中國。孫中山擬委任其為廣東都督府實業司司長、官錢局總辦，他辭而不就。「二次革命」失敗後，鄧仍回返南洋經商，重操舊業。1914年孫中山組織中華革命黨，鄧澤如擔任南洋各埠籌款

---

9　轉引自劉釗伊編著《孫中山在新馬》，檳城：光華日報出版，2013年，頁63-64。
10　轉引自劉釗伊編著《孫中山在新馬》，檳城：光華日報出版，2013年，頁64-65。
11　顏清湟亦舉證：從1905年8月至1911年12月的同盟會期間，孫中山至少寫了96封信給華僑領袖，書信內容關係到黨務和籌款問題，其中63封寫給新馬華僑領袖。而這63封當中，單單給鄧澤如的就佔去了38封。他指出：每當孫先生需要革命經費時，他最先接觸的人物之一就是鄧澤如。【參引自顏清湟〈孫中山與新馬華人（1900-1911）〉，顏清湟著《從歷史角度看海外華人社會變革》，新加坡：青年書局，2007年，頁244-245。】

局委員長，為支持反袁鬥爭而積極籌款。一直到1931年，鄧仍活躍於國民政府政務。1934年12月19日，鄧病逝於廣州，終年65歲。著有《中國國民黨二十年史蹟》一書，並編有《孫中山先生廿年來手札》一書。

據鄧之外孫林國鈞：由於他外祖父積極參與孫中山所領導的革命活動，為了避免麻煩，他一直都使用「鄧澤如」之名，但在瓜拉庇勞，當地居民皆稱呼他為「鄧恩」。資深報人吳彥華指出：鄧氏很早就來到瓜拉庇勞開礦兼營藥材店，成為當地富商。他對孫中山的革命事業極其熱情，並通過和英國殖民地參政司的良好關係及當地華人的支持，推動革命事業。鄧澤如死後，為了紀念他對瓜拉庇勞的貢獻，英殖民地政府將當地一條街道命名為「鄧恩路」（Jalan Tung Yen）。[12]

## 五、譚揚（1858-1913）

譚揚，字德棟，號安揚，原籍廣東開平縣長沙鄉蟠龍咀村，1858年出生於中國。他為人樸素無華，急公好義，忠厚勤儉，是芙蓉19世紀末葉的顯赫礦家，頗得當時英殖民地政府和人民的敬重而受封為甲必丹。

18歲時，他隨其親戚來馬來亞謀生。初，在森美蘭州錫礦當工人；隨後儲蓄少量資本自營雜貨生意。他在開採錫礦和種植橡膠兩方面也很成功。他曾獻出芙蓉沉香（Temiang）一

---

[12] 轉引自劉釗伊編著《孫中山在新馬》，檳城：光華日報出版，2013年，頁65-71。

附錄一　中山先生革命事業忠實擁護者傳略選錄（馬來亞部分）

塊地皮，供建立一所貧民療病的華濟醫院（今為專司處理華人義山的華濟公會），以及將芙蓉武吉則當（Bukit Chedang）一塊面積一英畝的義山（即今宏陽譚氏總墳）交譚氏聯宗會管理。他與礦業同道鄧澤如、朱子佩、黃益堂等人合創礦務會館，作為當日森州華社集會討論共同利益的場所。[13]

1897年，英殖民地當局任命他為芙蓉衛生局（市議會前身）的華社代表。他於49歲時加入同盟會，傾資支持孫中山領導的革命起義，並擔任該會芙蓉分會會長。辛亥革命後，他以「馬來由半島芙蓉埠國民黨黨員」的身份為廣州黃花崗七十二烈士祠獻石。[14]

他歿於1913年8月8日，享年積潤五十有七。獨立後，馬國政府特將芙蓉馬厘街改名甲必丹譚揚街（Jalan Kapitan Tham Yong）以表揚他的豐功偉績及對國家的貢獻。

## 六、陳占梅（1875-1944）

陳占梅是吉隆坡革命志士之佼佼者。他原名攀龍，字冠成，占梅乃其號，1875年誕生於廣東順德縣。他5歲南來，不久後回中國唸書；17歲時他再度南來接管其父的錫礦遺留的事業。期間，他曾放棄祖業赴新加坡習商。後被東主陸佑和馬藹

---

[13] 參引自陳崧傑著《森美蘭州華人史話》，森美蘭中華大會堂暨大將出版社聯合出版，2003年，頁143-153。

[14] 轉引自劉釗伊編著《孫中山在新馬》，檳城：光華日報出版，2013年，頁152。又，見顏清湟著《星、馬華人與辛亥革命》中譯本，1982年，頁298。

芝聘為芙蓉富生錫礦辦事處書記。經過多年潛心研究，他成為一名錫礦專家。在僱主馬藹芝去世後，他與陸秋傑合資創辦萬發錫礦公司，礦場面積達數十英畝，僱員3000餘人，每月出產錫米千餘擔。隨後，他於甲洞與安邦自營錫礦生意。[15]

　　據〈陳占梅先生小傳〉，[16]陳占梅的祖父陳兆時是清朝時期革命志士，因痛恨滿清政府之懦弱無能與外交失策，乃聯合同志從事革命活動。咸豐四年（1854），因事敗自殺。其父陳星祥因不甘失敗，飄洋到美洲，打算再圖舉事。但事與願違，於是漫遊馬來亞，轉而從事錫礦事業。作為陳家獨生子，陳占梅繼承了祖輩的革命精神。當尤列南來馬來亞為興中會招攬會員時，陳氏首先參加；其後孫中山赴吉隆坡組織同盟會時，他亦加入，秘密策劃革命運動，出錢出力支持革命起義。據〈小傳〉，陳氏交遊廣闊，頗有孟嘗之風，熱情周到地接待來訪賓客。孫中山、胡漢民、黃興等革命領袖到馬來亞推動革命時，都曾居住在陳占梅家中。

　　辛亥革命成功後，陳占梅繼續追隨孫中山的革命事業，並於二次革命後出任中華革命黨雪蘭莪支部部長兼總幹事。為了反對袁世凱稱帝與北洋軍閥的虐政，他創辦《益群報》為黨作宣傳，無論環境如何艱苦，一直維持了十餘年。二戰爆發後，日本南侵，年入花甲的陳占梅深居家中。他於1944年3月6

---

[15] 參閱自劉釗伊編著《孫中山在新馬》，檳城：光華日報出版，2013年，頁178。
[16] 該〈小傳〉刊《杜南先生哀思錄》，吉隆坡：杜志昌自印，1993年再版，〈附錄：發起追悼杜南先生之陳占梅先生小傳〉頁3-8。【原按：轉載星洲日報第十期星光畫報。】

日與世長辭，其墓園坐落在吉隆坡廣東義山。[17]

## 七、鄭螺生（1865-1939）

據鄭螺生長子鄭民偉所撰《海外支部革命人士鄭螺生志略》等資料，鄭螺生祖籍福建同安，生於1865年。他於15歲時隨父南渡馬來亞謀生，先後在新加坡和霹靂當勞工，有了積蓄即在怡保開設吉承隆福記商號，經營由緬甸仰光及泰國運來之煤油與食米等土產雜貨，並從事園丘樹膠種植。他的業務迅速擴展，遍及霹靂的實兆遠、木威及檳城等地。由於長袖善舞，不到40歲他已成為富甲一方的商家。他為人急公好義，深得僑眾愛戴。

據鄭民偉所存文獻：孫中山於1905年南渡抵怡保籌募革命經費時，經由陳新政、黃金慶的介紹而認識了鄭螺生。從此，鄭氏出錢出力，追隨孫中山的革命事業。1907年，鄭螺生加入同盟會霹靂分會，並擔任該分會的會長。他不但致力於宣揚革命，並捐出「決醒園」別墅，作為革命活動場所。

1910年，鄭螺生為支持廣州起義，不僅自捐1000元，還變賣閩贛鐵路股票，以助軍餉。辛亥革命勝利後，就任中華民國臨時大總統的孫中山頒發優等旌儀狀予鄭螺生。鄭氏先後於1913年擔任國民黨新加坡總支部常委，1915年擔任中華革命黨

---

[17] 參閱古燕秋編著《死生契闊──吉隆坡廣東義山墓碑與圖文輯要》，吉隆坡：華社研究中心，2014年，頁31。

霹靂支正部長及霹靂籌餉局監督，1917年受孫中山委任為大元帥府庶務司司長。

據史料記載，鄭螺生曾被英殖民地政府封賜太平局紳勳銜，卻因主持《霹靂日報》推動革命，言論過激而激怒當局，遂於1928年被驅逐出境，報館也被查封。年屆六旬的鄭氏返回中國後，被委為革命黨政府監察委員和僑務委員等職。日本侵華時，他被扣留在難民營；翌年他脫險潛回怡保。他於1939年12月14日在怡保辭世，安葬於怡保福建公塚，並獲得中國行政院院長于右任的褒恤。[18]《光華日報》記者劉釗伊曾親赴鄭螺生墓園，見其墓碑中央鑲上「青天白日」國民黨黨徽，兩旁則刻上了「革命完成期後死，共和締造賴先生」的對聯，墓園圍牆上還書寫著「忠孝仁愛信義和平」。字裡行間，盡顯其生前為中國革命事業作出的巨大和無私奉獻。

## 八、李源水（1871-1937）

據霹靂州文史工作者劉道南：李源水祖籍福建安溪，他於1871年在泰國誕生。20餘歲時，他帶著妻女移居怡保，投資錫礦和橡膠業。他在怡保結識了擁有共同理想的華商鄭螺

---

[18] 〈革命先進褒恤案（五）〉，國民政府檔案／人事／褒恤／喪禮，No：001-0036000-0092，典藏在台北：中國國民黨黨史國防檔案，No：防003/0456。【轉引自陳愛梅〈二戰前華人政治參與模式──以霹靂州之鄭螺生、許武安、鄭太平和梁燊南為例〉，《馬來西亞華人研究學刊》第16期，2013年，頁124，註釋10。】

生，並加入孫中山領導的同盟會，積極宣揚革命思想。

當年李源水與友人在怡保舊街場墨露菲街合資建了一排8間雙層店鋪，二人各分4間。李源水的店鋪位於門牌24、26、28和30號。李源水收購錫米、橡膠片和膠團的店鋪招牌是「萬成號」，據推論即門牌28號，也是孫中山寄信給李源水的地址。與墨露菲街隔兩條街道即是同盟會霹靂分會會長鄭螺生的「吉承隆」商號；再隔一兩條橫街，則是另一名同盟會霹靂分會領袖李孝章的西藥店。[19] 足見他們之間關係的密切；另一方面，也由此可看出霹靂州作為孫中山領導的同盟會（乃至於其後之國民黨）時期的重要海外基地之一。[20]

辛亥革命勝利後，孫中山以中華革命黨總理名義委任李源水為霹靂籌餉局理財，可見李氏甚得孫中山的器重。此外，他也獲得孫中山頒發「二等有功章獎狀」，感謝他「慷慨捐資贊襄義舉」。

孫中山於1925年去世時，他悲痛不已。及至1937年日本全面侵入中國，李源水閱報後熱淚滿眶。同年年底，他在憂國

---

[19] 轉引自見劉釗伊編著《孫中山在新馬》，檳城：光華日報出版，2013年，頁187-188。

[20] 陳愛梅指出：1910年之前，英屬馬來亞有18個同盟會分會，其中6個乃設立於霹靂州內。新加坡國民黨分會在1912年12月註冊，翌年霹靂州就成立了27個國民黨分會，數量之多佔了馬來聯邦（Federated Malay States）國民黨分會之87%。袁世凱瓦解國民議會，孫中山到日本成立中華革命黨後，立即給霹靂州國民黨支持者，如鄭螺生和林源水寫了多封信，以爭取他們的支持。【參閱陳愛梅〈英屬馬來亞華人二戰前社會運動史類型——以霹靂州為例〉，《南洋問題研究》2014年第3期（總第159期），頁65-66。又，陳愛梅〈二戰前華人政治參與模式——以霹靂州之鄭螺生、許武安、鄭太平和梁燊南為例〉，《馬來西亞華人研究學刊》第16期，2013年，頁110。】

傷痛之餘，肝病發作，兩星期後與世長辭，葬於怡保福建義塚。據聞他出殯時棺木上覆蓋國民黨黨旗，南京政府派員出席葬禮。[21]

## 九、吳世榮（1875-1945）

吳世榮，祖籍福建海澄晴川鄉，1875年誕生於檳城，是第三代海峽殖民地僑生。他曾受過短期的華文私塾與英文教育。約莫21歲時，他繼承父親吳有才的大筆遺產，接手製造麵粉、火柴等業務的「瑞福」號，另闢有椰樹林「瑞福園」於青草巷。

1905至1906年間，吳世榮自結識孫中山後，矢志不渝地追隨其革命事業。他先後擔任同盟會檳城分會會長、檳城閱書報社社長、《光華日報》創辦人暨首屆董事議員等，一生致力於民主革命活動。

據上世紀40年代鐘靈中學任教的謝松山：由於吳世榮專心一致的為孫中山領導的革命事業而奔走，幾乎把父親遺留下來的各項生意逐漸給荒廢了。但他仍不以為意，「苟因革命事業有所急需」，他絕「不惜一切向人舉債以應付」。結果他將自己所有的園丘產業逐一變賣出去，以解革命黨人之困難。[22]

---

[21] 轉引自見劉釗伊編著《孫中山在新馬》，檳城：光華日報出版，2013年，頁187-188。

[22] 吳世榮變賣許多產業，甚至將其岳父謝德順生前遺留給他的妻子謝柳美、坐落於檳城紅毛路11號的「五層樓」豪宅（今時中分校舊址）抵押出去，把所得款項交

在吳世榮等人義無反顧地支持孫中山革命事業下，終於迎來了辛亥革命的勝利。1912年元旦，孫中山在南京成立中華民國臨時政府，吳世榮作為南洋各埠同盟會的總代表，赴中國出席開國大典，惟此時吳氏早已傾家蕩產。他的日常費用，只有靠變賣殘餘家產度日，但他為人達觀。在日治時期，吳世榮因擔任日本軍政事處要員的兒子高一郎的相認和庇護下，得以在生命中的晚年免遭日軍的蹂躪。

他晚景淒涼，於1945年逝世後，只以兩塊石頭作為記號、葬身於一野草叢生的地方。上世紀60年代中葉，該葬地為發展商所購得，吳世榮的墓被挖掘準備將其屍骨火化。據說棺木一開，他一如生人，紅光滿面，眾人皆感驚奇。據報導，吳世榮的家人於拾金之後，將其骨灰移奉在檳城廣汀會館骨灰亭。[23]

## 十、黃金慶（？-1916）

黃金慶，福建同安人，乃檳榔嶼富家子弟，幼受華文教育的峇峇（土生華人）。金慶的先世旅居南洋暹羅，到了他父親，才從暹羅搬來檳城定居，開商店啟號「得昌」，經營錫米生意。父歿後，金慶繼承遺業，父規子守，箕裘克紹。十餘年後，業務飛黃騰達，名聲鵲起，腰纏滿貫，儼然大富翁

---

給孫中山，用以支持孫氏之革命事業。

[23] 參閱張少寬〈毀家紓難的吳世榮〉，張少寬著張少寬著《孫中山與庇能會議：策動廣州329之役》，檳城：南洋田野研究室，2004年，頁133-136。又，見劉釗伊編著《孫中山在新馬》，檳城：光華日報出版，2013年，頁240-241。

一個；閒時與三五友好到公館消遣，過著悠哉悠哉的寫意生活。[24]

至於他為甚麼投身革命行列？據鄺國祥：「吳（世榮）、黃（金慶）二人，藉先人的餘蔭，擁著厚貲，席豐履厚，養尊處優，原可舒舒服服地作海外的富家公子。只為目擊甲午（1894年）中日之戰，割臺灣、賠巨款，喪師辱國，為自有史以來所僅見，因此胸中頓生出改革祖國政治的觀念，仰慕孫中山先生之為人，只待有機會的時候，共同為國家而效勞。」[25]

張永福著《南洋與創立民國‧同盟會之擴大及遭遇之荊棘》中指出：「（抵怡保後之）越日早晨，孫先生、楚楠、義順等即折回吉隆坡商量了一回，乃委義順、楚楠兩君由吉隆港口搭船往檳榔嶼，晉見吳世榮。吳君本來是檳城的殷戶，人極豪爽，在商界上佔有很高的位置。他與林陳兩君一見如故，又見孫先生的手函，更加歡喜。便招待他們在小蘭亭居住，旋通知他那邊的朋友黃金慶君等許多人。由陳林兩主盟，秘密加入同盟會，舉了吳世榮君為（檳城分會）會長，黃金慶為財政員，檳城的同盟會就算成立了。[…]」[26]

---

[24] 參閱張少寬〈南洋同盟會主盟人黃金慶〉，張少寬著張少寬著《孫中山與庇能會議：策動廣州329之役》，檳城：南洋田野研究室，2004年，頁121-125。

[25] 參閱鄺國祥著《檳城散記》〈吳世榮與黃金慶兩先生〉，新加坡：星洲世界書局有限公司印行，1958年，頁122。

[26] 參引自張永福著《南洋與創立民國》，上海中華書局，1933年，頁16。華按：據顏清湟，黃金慶被舉為副會長；全分會會員共廿二人。見顏清湟著《星、馬華人與辛亥革命》中譯本，1982年，頁120。

附錄一　中山先生革命事業忠實擁護者傳略選錄（馬來亞部分）

值得一提的是，1910年2月，當汪精衛刺殺攝政王失敗
被捕下獄，同盟會眾同志借丹絨武雅海濱之許心廣園為招待
所，是夜同志齊集，孫中山亦在座，共籌得千餘金。為了營救
汪精衛，他和吳世榮、陳新政（鄺國祥著《檳城散記》作陳璧
君君）及胡漢民聯袂赴新加坡籌款，又籌得千餘金。[27]民國於
1912年成立後，孫中山褒以「特別旌義狀」，以表其勞績。

　　由於長年累月為革命事業奔走，黃金慶的私人生意終告
失敗。他於1915年遷往新加坡，任職中華國貨公司經理；次
年，病逝於旅寓。幸得星洲怡和軒俱樂部同仁諸同志，出為治
理一切喪事，並將其棺木運返檳榔嶼。林博愛著《南洋名人
傳・黃金慶》載云：「至將運柩回嶼日，星人送者三百人。
船甫入嶼港，各界立於烈日之碼頭，以待執紼者，不下二千
人。孫前大總統致來電弔唁之曰：黃公千古」云云。[28]

# 十一、陳新政（1880-1924）

　　陳新政祖籍福建思明禾山，他原名濫，南來後改名文圖，
加入同盟會後才稱「新政」。他體貌魁梧，目棱棱有威性，而

---

[27] 參閱張少寬〈南洋同盟會主盟人黃金慶〉，張少寬著《孫中山與庇能會議：策動
　　廣州329之役》，檳城：南洋田野研究室，2004年，頁124。華按：許心廣乃黃
　　金慶之岳父，暹羅麟郎總督許泗章的哲嗣。許泗章逝世後，心廣繼襲其侯爵，出
　　任麟郎王（總督）。許心廣園，不過為許氏擁有的一處椰園，卻因它與孫中山在
　　檳榔嶼的革命事業有關，而得享盛譽。

[28] 轉引自張少寬著《孫中山與庇能會議：策動廣州329之役》，檳城：南洋田野研
　　究室，2004年，頁261。

天資過人，在家鄉僅讀書四年便通經史，操筆為文斐然成章。19歲那年由家鄉南來檳城（時為光緒廿九年己亥，孫中山惠州起義之前一年），幫助父親操舢板業，貲人漸豐，才創辦寶成號於海墘街，經營土產，不上數年，遂成殷商。他與吳世榮、黃金慶、熊玉珊、邱明昶等十數人，首先加入同盟會成為會員，自是鎮南關、河口諸役，皆踴躍輸將。比事敗，黨人亡命投荒，又竭力周恤安置，使不致失所。

檳城的閱書報社、光華日報和鐘靈學校，[29]都是由陳新政所發起創辦。1910年，自孫中山將中國同盟會南洋總支部由星洲移設檳城，他更加積極進行各項革命工作。他曾受孫總理委為中華革命黨庇能（即檳城）支部長。民國十年（1921年），以請求當地殖民地政府修改教育註冊條例事而被當道驅逐出境，嗒然南渡暹羅，經營米業於暹南之佛頭廊。李厚基敗林森入閩主政，電先生返國襄閩政，返省逾月見政日亂，知無可為而去，旋復返暹南，遂不復出。[30]

民國十三年（1924年）9月，卒於佛頭廊，年44歲。同僑聞耗，識與不識，皆深慟悼，本城僑胞假座檳榔嶼鐘靈中學開追悼會。陳新政死後四年，國民政府奠都南京，統一中國，

---

[29] 他先後擔任檳城閱書報社首屆協理，《光華日報》首屆董事部議員、第二屆協理、第三屆至第六屆總理、第七屆副總理、第八屆及第九屆協理等。孫中山領導的中華革命黨討袁世失敗後，檳城的同志領悟到為達到救中國的目標，須先從教育著手，進行革命的基本工作，尤其是宣揚三民主義的政治理念。在陳新政等人共同努力下，鐘靈學校遂於1917年2月9日正式成立。參閱葉鐘鈴著《檳城鐘靈中學史稿（1917-1957）》，新加坡：華裔館，2009年，頁15-16。

[30] 酈國祥著《檳城散記》〈陳新政先生的言論〉，新加坡：星洲世界書局有限公司印行，1958年，頁140-141。

才下令褒卹他。《命令》內容對其「討袁護國」、「興學育才」偉績，予以高度表揚。

### 國民政府命令

福建旅檳城僑民陳烈士新政，服膺主義，廁足遐陬，本奮鬥之精神，為最難能之事業，討袁護國兩策殊猷；興學育才，迭紓偉績。其精誠義烈，足樹僑界風聲，乃以迫於強權，竟使齎志以歿。考稽往事悼惜殊深除俟主管機關成立彙案，從優議卹外，合令表彰，用昭來茲，此令。

委員會議主席譚延闓

檳榔嶼學資訊中心研究員鄭永美指出：陳新政是最早加入檳城閱書報社的發起人之一，他與吳世榮、黃金慶齊名，號稱「檳城三傑」。他是孫中山最忠貞的信徒之一。在中華革命黨時期，他成為孫氏在海外的得力助手，積極參與中國革命之餘，亦致力於推動本地教育事業。[31]

## 十二、羅仲霍（1882-1911）

仲霍名堅，別字則君，廣東惠陽縣蘇茅壟鄉人。太平天國之役，有羅添者起義新安、九龍，率萬人入長沙，與洪秀

---

[31] 參引自劉伊編著《孫中山在新馬》，檳城：光華日報出版，2013年，頁245。

全合，轉戰克捷，以功封都督，仲霍其堂侄孫也。仲霍幼就傅，聰明穎異，嶄然露頭角。前清科舉時，鄉塾競習帖括，仲霍獨好作古文。年及歲，父卒，事畜無資，授徒鄰里，奉母以孝聞。逾二年，家益落，孑身走安南、南洋各埠。

1906年，在檳榔嶼師範學堂以最優等卒業，旋籌辦吉隆尊孔學堂自任校長。嗣返檳任崇華學堂教職。後往荷屬火水山中華學堂充校長，及該埠報館主筆。獲晤孫中山先生，親炙其言論豐采，大啟民族思想。遂遊各島，演說革命。

辛亥正月，由南洋返香港，從事秘密運動。妻聞耗挈子往訪，仲霍避不見，友人強導之。夫妻闊別十年，寒暄數語，冷淡逾昔，相處月餘；賓朋雜多，籌謀大事，日無暇晷，絕不及於家務。蓋其以身許國，家族主義早已脫離。迨3月29日，偕黃克強及諸同志攻督署，傷左足，誤走旗人街，被執縛之庭柱。仲霍對清吏倡言革命理由，痛罵滿奴，洋洋數千言；卒被害，年三十歲，葬於黃花崗，為七十二烈士之一。[32]

烈士長於詩文，所作詩尤沉郁有奇氣。其詩《丙午在檳榔嶼平章館樓上眺有感》云：

危樓蹲百尺，俯瞰海潮流，
天際孤帆遠，峰前落日收；
風高悲鳥逝，波靜羡魚游，

---

[32] 轉引自張少寬著《孫中山與庇能會議：策動廣州329之役》，檳城：南洋田野研究室，2004年，頁276-277。

獨有蒼茫感，難消身世悲！

　　華按：據劉崇漢，除了羅仲霍，於黃花崗一役英勇犧牲的馬來亞人尚有：陳文褒（？-1911）、李雁南（？-1911）、李晚（1874-1911）、余東雄（1884-1911）及郭繼枚（1893-1911）諸人。[33]

　　晚近由香港導演趙崇基執導、拍攝的一部中國電影《英雄‧喋血》，內容講述的即是馬來亞華僑羅仲霍及一群血氣方剛的青年投身到革命事業，為了民族覺醒、國家興亡，不惜拋頭顱、灑熱血，譜寫辛亥革命時期黃花崗烈士的英雄壯歌。[34]

# 十三、溫生才（？-1911）

　　據朱宗賢：辛亥革命之前，孫中山南渡宣傳民主政治思想，籌款起義推翻清廷，曾在霹靂州務邊鎮（Gopeng）「藹樓公館」駐紮、發表演講。祖籍廣東梅縣的溫生才深受熏陶，毅然加入革命黨，決定坐言起行，單身遠赴廣州，要行刺清廷水師提督李準。他途經香港卻不拜會領袖黃克強，唯恐一

---

[33] 劉崇漢〈孫中山與馬來亞（1900-1911）附錄（表三）〉，《紀念辛亥革命100週年1911-2011：百年回首、承先啟後》，馬來西亞紀念辛亥百年活動系列籌委會出版，2011年，頁40。又，見周興樑〈辛亥廣州起義百年祭〉，麥勁生、李金強編著《共和維新：辛亥革命百年紀念論文集》，九龍：香港城市大學出版社，2013年，頁269-273。

[34] 參閱劉釗伊編著《孫中山在新馬》，檳城：光華日報出版，2013年，頁57。

旦失手牽累同盟會諸君。他於1911年2月抵達廣州省城後，即勘查路線，屈身鐵路傭工，靜待良機，並致函怡保同志李孝章、李源水與鄭螺生，以示決心。其絕命書云：

> 孝章、源水、螺生三志兄鑒：弟別後返省城，在朋友處暫住，想欲先尋頭路棲身，然後緩圖心事。看滿賊種太無人道，恨火焚心，時刻不能忍。自從徐汪二君事失敗后，繼起無人，弟欲思步二君後塵，因手無寸鐵，亦無鬼炮，莫奈何。暫忍能得手有鬼炮時，一定有好戲看。弟心已決，死之日即生之年，從此永別矣。望君等盡力進行，達目的而後止。勿學我溫某謀事有頭無尾也。順請
>
> 俠安
>
> 　　　　　　　　　　　　　　弟　溫生才頷手

後來溫生才探聽到美國歸僑馮如飛機師來廣州燕塘表演駕駛飛機，日期為三月初十（陽曆4月8日），並探悉李準必去參觀。於是身懷手槍前往。不料副都統兼廣州將軍孚琦也於同日乘坐八人大轎親往參觀。溫生才見機不可失，在廣州東門外待轎子一到，便排眾而上，向轎內開槍，於是孚琦竟當了替死鬼。溫氏於逃避途中被擒，仍毫無懼色，破口大罵。

總督張鳴岐親自審問：「一將軍死，一將軍來，於事何濟？」溫答曰：「殺一儆百，我願已償」。遂於4月15日從容就義。溫烈士在受綁遊街示眾之際，仍傲抗不屈，高聲用粵曲

附錄一　中山先生革命事業忠實擁護者傳略選錄（馬來亞部分）

南音大唱革命歌謠，呼籲同胞挺身救國，仿效自己榜樣。觀者多垂淚恭送。[35]

## 十四、余東雄（1884-1911）、郭繼枚（1893-1911）

據朱宗賢：20世紀初，孫中山先生到南洋宣揚革命救國論，曾居住在「藹樓公館」，至少感召了三名當地熱血男兒，為中國革命事業奉獻寶貴生命。首位即前述的務邊（Gopeng）北部咖啡山村礦工──溫生才烈士。另二位乃祖籍廣東增城的郭繼枚和祖籍廣東南海的余東雄。[36]他倆訂為生死之交，共習拳術；他們傾心革命，跟隨著黃興同赴香港，在溫生才行刺孚琦不到20天後的三月二十九日（陽曆4月27日）下午武裝起義，扔炸彈轟擊兩廣總督府，擊斃衛兵，衝入衙內，總督張鳴岐連忙從後門遁逃。[37]

郭繼枚和余東雄亦曾聯名致訣別書給怡保同志，謂：「弟之生命早已置諸度外」，（為了革命事業）「一往向前，誓無反顧」。茲將二氏訣別書全文轉錄於下：

---

[35] 參引自朱宗賢著《怡保城鄉散記》，吉隆坡：燧人氏出版社，2007年，頁90-91。

[36] 「黃花崗七十二烈士」之一的余東雄是余東璇的堂弟。堂兄余東璇出生於檳城，其父余廣在霹靂州以礦業發跡，並於1879年終務邊創辦「余仁生」中藥鋪。余東璇早年被送回中國受教育，過後回到檳城接受英文教育，成年後他繼承父親在霹靂州的事業，並且擴展到雪蘭莪等地。他也是馬來聯辦議會的第二位華人議員。

[37] 參引自朱宗賢著前揭書，2007年，頁86-87。

螺生、孝章、源水先生暨諸位同志鑒

　　啟者：揮別後抵香江，克強、展堂伯先諸君藉會晤黨中健者集中東南洋所，四同志均與焉。弟察同志熱誠大堪嘉敬，惜舉動頗不秘密。時南旋黨人裝束咸穿黃白拜紋（？）衣裳，不啻表示洋客而且三五不等編隊遊市，計省港相隔一水，吾人一舉一動，無不秘奸探秘偵悉。尤可慮者最近道路傳述，非曰今日攻城則云明霄破省城，風聲鶴唳幾於草木皆兵，致令省垣商民遷港遷澳，寫不盡恐慌形狀。弟不過將種種聞見錄述尊前，非畏死亦非反對。弟之生命早已置諸度外。林君時說及閩省三數同志，義腸俠膽流露於談吐之間，弟一見便崇拜不盡，異日奮身殺賊當推為先鋒。弟既屬克強君指揮，無論如何猛進一往向前、誓無反顧。倘目的能達與，公等羊垣握手或有其時。否則敵眾我寡，雖戰剩我繼？東雄二人，或受千鎗百創手無寸鐵，猶必奮臂殺賊死而後已。溫烈士生才之俠舉弟殊為崇敬，溫公為國先死，弟？何敢偷生？前扑後繼，方顯黨中大有人在、視死如歸。弟之素志但求馬革裹屍以為榮耳，從此或與先生長別，此函請作最後之永訣觀可也。先生倘以弟言為可採，以之留示吾黨後起，弟雖死猶生矣。此頌
公安

　　　　　　　　　　　　　　　弟　余東雄
　　　　　　　　　　　　　　郭繼枚　上言
　　　　　　　　　　　　　　三月廿五日

附錄一　中山先生革命事業忠實擁護者傳略選錄（馬來亞部分）

華按：郭繼枚和余東雄之起義後來遭大隊清兵圍攻，激戰中多數壯烈殉命或被捕就義，那時郭年十九，余年十八，曝屍通衢，其後共72具烈士遺骸殮葬於黃花崗。朱宗賢認為：廣州黃花崗起義雖然失敗，眾烈士為革命事業英勇犧牲的精神卻起了鼓動人心的作用。

## 十五、周華（？-1911）

周華，字鐵梅，祖籍廣東南海。早年在廣西當小商販，之後僑居安南（今越南），加入同盟會。1907年防城起義時負責軍需工作，被法殖民地當局扣留、遞解新加坡。他在當地參與創辦《中興日報》。

隨著同盟會組織「民鐸劇社」，周華積極投身社務，赴南洋各地巡迴演出宣傳革命，在華僑中產生很大的影響。他也是一名才華洋溢的文人，曾在新加坡及檳城擔任同盟會南洋總機關的總秘書。

1911年4月27日（農曆三月廿九日），周華中廣州起義中參與進攻督署的戰鬥，在焚攻督署時，力戰犧牲。[38]

---

[38] 參閱劉釗伊編著《孫中山在新馬》，檳城：光華日報出版，2013年，頁59。

# 十六、邱明昶（？-1946）

　　邱明昶，閩省海澄縣三都新安鄉人。年輕時拜別父母赴新加坡謀生。他先在一家店鋪當文案兼記賬，幾年後到檳城倡辦「吉昌」號油索行。後業務涉及橡膠業、輾米業，經十年經營，業績至數十萬元。他繼而參與新加坡和豐銀行，先後任和豐、華僑銀行董事會主席、董事16年。他亦曾被推選為檳城中華總商會財政、董事，成為馬新華僑金融業的先驅之一。

　　雖然身處南洋，但邱明昶仍關心中華民族的振興。他回到中國，耳聞目睹人民在清政府的統治下過著貧困的生活；清政府也對海外華僑的正當權益漠不關心，遂萌生反清的思想。當檳城同盟會成立時，他毅然加盟，隨後任檳城閱書報社協理、同盟會南洋總機關庶務官員，並前後擔任《光華日報》董事部20多年。作為同盟會檳城分會的主要骨幹之一，他踴躍捐資支持革命事業。他與革命同志致力於辦報，傳播民主革命思想。1912年，邱明昶為《太平洋日報》的創立招股，被選為委員。又出任1914年於新加坡創辦的《國民日報》董事。1916年他與陳新政等人發起捐資創辦廈門《民鐘報》，為該報委員之一。

　　繼1904年參與創辦馬來亞最早的新式學堂——檳城中華學堂之後，邱明昶又和陳新政等人於1917年創辦鐘靈學校。1919年，他和檳城閱書報社同志在檳城中路65號創辦了福建女校，並擔任協理、董事。

據邱明昶的孫子邱鼎民，其祖父參與同盟會檳城分會後，就緊鑼密鼓地進行革命活動。從1906年至1911年，革命黨人連年不斷地發動武裝起義，需要大量槍支彈藥和革命經費，邱明昶和他的戰友們都捐獻巨款，並且奔走呼籲募捐軍餉，無論平民百姓還是富翁，檳城華僑無不傾資以獻，數額頗巨。為表彰邱明昶對辛亥革命所作的卓著貢獻，孫中山先生於民國成立後特褒之以「旌義狀」。[39]

## 十七、陳璧君（1891-1959）

　　陳璧君，字冰如，1891年出生於馬來亞檳城。她比汪精衛小八歲。其先輩因經營橡膠業成為富商。她父親乃思想保守的粵幫金商陳耕荃；其母衛月朗因受革命黨人影響，秘密加入革命組織。陳璧君十餘歲後，經常閱讀其母收藏到各種雜誌書刊，亦受到革命思想的薰陶。1907年，汪精衛（1883-1944）等來馬來亞檳榔嶼進行革命運動，陳璧君當時還是個中學生，對反清革命的宣傳饒有興趣，對革命派的演說更是熱烈的聽眾之一。

　　1908年，在檳榔嶼的革命黨人黃金慶開設維新書室，出售革命書刊。她嚮往革命，經常來這裡購買《革命先鋒》等刊物。稍後，她常往吳世榮家聆聽新思想。而汪精衛也不時到

---

[39] 參引自劉劍伊編著《孫中山在新馬》，檳城：光華日報出版，2013年，頁250-253。

吳家去。她被汪的風雅和才識所吸引，兩人由於接觸頻繁而產生感情。也正因此，她積極參與同盟會的活動，成為最年輕的同盟會會員。她對汪一往情深，不顧父親反對，毅然與表哥梁宇皋解除婚約，甚至以留學為名，追隨汪至日本，與之聯辦《民報》。

1909年，汪離開密謀赴北京刺殺攝政王載灃的經費，乃由兩母女資助。陳璧君後來在《我的母親》一文中這樣寫道：「憶自鎮南關之役以後，革命屢起屢躓，精衛慮無以對慷慨輸將之同志，乃與余及曾醒、方君瑛、黎仲實、喻雲紀、黃復生等約入北京，謀於清廷根本之地，為非常之舉，以振奮天下之人心。顧所費過萬金，無所出。而為事至秘，不能以醵資望之同志。吾母知余等隱衷，乃典質衣飾以足其數，吾等乃得成行。」此行就是後來名震一時的汪精衛謀刺攝政王之「壯舉」。[40]

汪暗殺事敗被捕後，陳璧君心急如焚，即從日本轉赴南

---

[40] 參引自聞少華著《從烈士到漢奸——汪精衛傳》〈與陳璧君的結合〉，香港：中華書局，2013年再版，頁16-18。華按：汪精衛於日本入侵中國、民族危亡之際，妥協投降，公然叛國；陳璧君與之同淪為漢奸，終至身敗名裂。汪於1944年赴日本名古屋帝大醫院治療時，病死異鄉；而陳璧君則於1959年病死獄中。【有關汪氏夫婦倆叛國事蹟，詳見聞氏上揭著作。】但學者李志毓於其新近出版的《驚弦——汪精衛的政治生涯》一書中，則針對汪精衛是烈士？是漢奸？的問題，認為：「從不同的立場、不同的視角出發，會得出完全相異的結論」。她續稱：「我們既不同意將汪精衛簡單貼以『漢奸』標籤而釘上民族主義的恥辱柱，也不認為他的對日求和主張，是單純的所謂『捨身飼虎』、『我不入地獄、誰入地獄』的英雄主義行為。相比於忠奸之辨，我們更加關心的，毋寧是一系列具體的歷史事實」云云。有關見解，參閱李氏上揭書，香港：牛津大學出版社，2014年，頁128-129。

附錄一　中山先生革命事業忠實擁護者傳略選錄（馬來亞部分）

洋，再次潛入北京，全力營救，並向汪立誓以身相許，永結百年之好。他倆在辛亥革命前夕這一段轟轟烈烈的愛情傳奇，曾在革命黨人中廣為傳頌。

辛亥革命後汪獲釋，且當上中華民國高官，兩人的戀情終獲陳璧君父親同意，於1912年4月舉行。婚禮上陳耕荃自嘲「從前視革命如毒蛇猛獸，惟今日雙方喜結姻婭，不如從前的可怕了」，聞者無不捧腹大笑。

璧君之父陳耕荃不但與革命黨人冰釋前嫌，並且將其所擁有、位處太平阿三古邦天橋旁的一間典雅殖民時期古老英式建築──「長春圃」別墅，讓給孫中山的革命伴侶陳粹芬居住。據陳粹芬的外孫和「侄曾孫」孫必興向記者劉釗伊透露，約莫1914年至1931年間，陳粹芬與其養女蘇仲英在「長春圃」共渡了十餘年的歲月，直至1931年，母女倆應孫科之邀，才返回香港定居。[41]

華按：「長春圃」後來易手，如今成為全馬最悠久的咖啡廠──太平安東咖啡廠有限公司的辦公樓。該公司董事程文鍾向記者劉釗伊表示：自小聽祖輩口述「長春圃」別墅的歷史，不禁被其濃厚歷史氛圍所感染，因此刻意將它打造為旅遊景點，並命名為「孫中山和他的紅顏知己陳粹芬居留國大別墅（故居）」，免費開放予公眾參觀。

---

[41] 參引自劉釗伊編著《孫中山在馬新》2013年，頁204-206。

# 十八、林博愛

　　檳城革命志士林博愛於辛亥革命之前加入同盟會檳城分會，不僅捐款資助革命，也撰寫文告等，擔任同盟會的文化先鋒，致力於宣傳孫中山的民主革命思想。上世紀20至40年代，林博愛等主編《南洋名人集傳》，裡頭介紹了數十位同盟會會員，為辛亥革命與南洋華人史留下一份珍貴的史料。

　　林博愛曾任檳城閱書報社文案專員、評議員、查漢文書籍員。1916年4月至1919年6月間出任《光華日報》經理，亦曾出任《國民日報》總理。1923年出版《南洋名人集傳》第一集。此事原擬委託成都人成可運主持，奈何成君早逝，只好自己任主編，另邀編輯陳宗山、林芳、陳挺蕃、林鏡秋等。自1924年至1941年，由林博愛等主編的《南洋名人集傳》第二集上下冊（1924年，1928年）、第三集（？年）、第四集（1939年）及第五集（1941年）相繼出版。[42]

　　林博愛外孫余金添醫生指出：外祖父原名林高尚，因崇尚孫中山先生的博愛精神而改名林博愛。林博愛關注民族命運，支持孫中山的革命事業。他不僅對革命有功，也致力於文化教育事業，也曾創辦檳城同善學堂。[43]

　　據徐艱奮，林博愛長期從事報業工作。1919年6月13日

---

[42] 安煥然〈柔佛革命志士與現代學堂的倡建〉，安煥然等主編《孫中山與柔佛》，南方學院、新山華族歷史文物館出版，2012年，頁54註釋2。

[43] 參引自劉釗伊編著《孫中山在馬新》2013年，頁255-256。

《益群報》[44]經理林青山辭職，他因此而加入繼任該報經理，但他在《益群報》的時間非常短暫，只有四個多月。照他自己在《博愛辭職宣言（1919年11月1日）》的陳述，他之所以辭職乃為「報館前途計」。[45]

離開《益群報》之後，林博愛回到檳城老家潛心編著《南洋名人集傳》。1931年8月，身為新南洋印務公司主人的林氏又重出江湖，再操舊業，籌備檳城的《工商日報》。至於林氏後來如何，目前沒有資料。[46]

---

[44] 《益群報》於1919年3月24日正式創刊於馬來亞首府吉隆坡。1935年8月改為《新益群報》，最後於1936年10月13日停刊，前後歷時17年。該報於24日第一號增刊中刊載了各界人士頌詞賀函，其中包括孫中山的來函贊道：「諸君新創《益群報》，發揮正論，誘掖胞僑，熱忱毅力，甚為敬佩。比年國事紛紜，邪疹充塞，海外同人多未了然。得貴主張提倡，正義日昌，裨益寧有限量。惟望勉勵不懈，日新又新耳。附去祝詞「公理日彰」，尚望察收。孫文」。參引自參閱徐鞎奮著《鐵筆春秋：馬來亞〈益群報〉風雲錄》，新加坡：新社出版，2003年，頁43。

[45] 因為他在《光華日報》和《國民日報》任職期間，其名字已為殖民地政府所注意，其照片也被存檔。參閱徐鞎奮著前揭書，2003年，頁72。

[46] 參引自徐鞎奮著前揭書，2003年，頁72。

# 附錄二　同盟會時代南洋英荷各屬黨人題名錄[1]

**檳榔嶼**：吳世榮、黃金慶、陳新政、邱明昶、楊漢翔、熊玉珊、謝敬群、古偉堂、薛楠、林紫盛、潘奕源、許生理、謝逸僑、邱開端、黃奕坤、饒純齋、楊如金、林文琴、崔鳳朝、徐洋溢、許致雲、馬少隽、劉日三、謝明遠、黃子擇、庾桂耀、沈瑞意、萬少聰、王周渠、邱文紹、柯清卓、林博愛、鄭紹權、楊少芳、曾少蘭、林世安、張祥瑞、陳經堂、謝此篇、林如德、林福全、蔡益敏、黃長美、張仲彪、徐積餘、凌榮枝、潘漢偉、許清江、朱益三、黃增松、林文一、徐自如、林貽博、邱有美、邱新和、何建山、王照堂、陳傳統、林光華、林錦麟、邱熊羆、梁金盞、陳迪安、李慕參、陳善霖、蔡有成、謝伯虔、林文進、謝丕郁、杜忠志、周晉材、林寶山、吳裕再、吳毓甫、吳成春、魏阮生、李鳳苞、林文露、譚炳麟、李茂海、黃嘉瑞、李子雲、鄭玉指、何清吉、林如瑞、鄧兆侶、王鳴鳳、祝清河、尤擇義、駱宗

---

[1] 轉錄自張少寬著《孫中山與庇能會議：策動廣州三、二九之役‧附錄文獻四》，檳城：南洋田野研究室，2004年，頁196-199。

漢、陳民情、蔡長守、馮自立、曾受蘭、鍾樂臣、容光

漢、蔡水拱、莊連勝、謝文進、謝生珍、周連德、張尚

武、黃天民、陳述齊、張益華、謝四端、蔡懷安、施惠

卿、張剛、張阿皆、蔡益恭、周和璜、顏子靈、洪周

武、黃錦培。

**新加坡同德書報社及民鐸社**：陳楚楠、張永福、林義順、潘兆

鵬、鄧子瑜、楊伯文、沈聯芳、葉耀廷、陳先進、陳禎

祥、俞鳳紹、邱繼顯、何悟叟、許子麟、何德如、黃吉

宸、周獻瑞、劉鴻石。

**麻六甲**：劉靜山。


**馬來聯邦——**

**吉隆坡**（即雪蘭莪）：邱怡領、陳占梅、阮德三、王選應。

**怡保**（即霹靂）：鄭螺生、李源水、黃怡益、李孝章、文明

閣、郭應章、戴秋賓、廖子貞、曾順卿。

**太平**（即小霹靂）：林翰泉、陳志東、林地基。

**羔丕山**（即咖啡山）：廣益學堂。

**瓜拉比勞**：鄧澤如。

**彭亨都拉**：沈制胡、啟蒙書報社、朱扯香。

**彭亨勞勿**：高夢雲。

**金寶**：王丕顯。

**朱毛**：伍秋雨。

**暗邦**：李耀南。

**芙蓉**：譚德棟（即譚揚）、林作舟、蔡熾三、朱赤霓、黃心持。

芙蓉知知：華商書報社、林澤南。

泗文丹：邱守如、楊虹劍。

拿罅：鄧星南。

監光巴央：群益書報社、王月洲。

高樓：許瑞廷、何雲皋。

萬里望：智群書社、古植庭、黃偉民。

實突：許福卿。

和豐街場：張洪初。

端洛：達通學校。

亞拉邦士：蘇逢春、蘇松柏。

彭亨立卑：宋吉鳴。

加影：葉竭爭、葉漢皋。

紅毛丹：葉繁昌。

務邊：文明書報社、黃屏伯。

布先：益智書報社、蔡卓南。

隆邦：謝繼漢。

峇東昔海：何惠瓊、楊穆如。

甲洞：葉遵凡、徐伯如、董理。

瓜拉骨務：黃愛群。

甲板：謝八堯。

巴生：顏穆聞、吳彩若、林幸福。

瓜拉江沙：覺民書報社、薛木本、伍蘊山。

積莪營：曾贊卿。

檳城浮羅山背：公益書報社、徐瑞霖、張振南。

新文英：邱開端。

吉礁：傅榮華、林有祥。

高仔武勞：林玉桂。

彭亨文冬：熊初文。

關丹：林明、丘滄海。

力思：公益書報社、黃昌埕。

高淵：劉柳村。


緬甸及印度屬——

仰光：覺民書報社、光華日報、進化日報、莊銀安、徐贊
　　　周、何萌三、饒潛川、陳仲赫、鄺光熙、陳守金、陳植
　　　漢、張玉着、張永福、林文曲、黃水田、曾宗賢、魏聲
　　　歙、陳鐘靈。

勃傲：杜國樑、杜啟仁。

瓦城：振漢書報社、楊承烈、陳泰高。

皎墨：趙澤國、吳榮卿。


印度加里加打：明新書報社、錢升初。


暹羅通扣：張耀孺。

暹羅：蕭佛成。

宋卡：陳霓押當。

**荷蘭東印度（即蘇門答臘及爪哇）——**

日里棉蘭：梁瑞祥、李增輝、蘇英會、黃展驥、張瑞波、林子
　　　光、張進輝、謝竽蛋。

日里民禮：石廷良。

火水山：黃捷雲、盧培學。

亞齊美崙：黃玉珊。

亞齊士吉利：曾文輝、李鐵山。

大巴東：楊漢蓀。

鵲葛：萬簡文。

實武牙：李楚廷、林錦存。

亞齊：周恭英、周光集。

直名丁宜：歐炳亮、張鶴亭。

坤甸：沈復漢、李義俠、國強學校。

沙灣：陸升如。


**爪哇屬——**

巴城（即巴達維亞）：巴城閱書報社、華僑教育會、樂群書報
　　　社、江金耀。

泗水（泗里末）：保虞社、明新書報社、蔣報和、王少文。

中山先生與檳榔嶼

# 附錄三　孫中山於檳城的演說辭

## 一、民國前五年（1907）在檳城平章會館演說詞
### ——「欲救中國，必先推倒滿清」[1]

　　僑胞諸君！兄弟今日得在這裡與諸位會談，真是榮幸極了！兄弟是革命者，今天要說的，三句不離本行，自然還是革命的話。兄弟鼓吹革命，已有二十多年，在這二十多年中間，歷盡了好多次的失敗，仍是勇往直前，百折不回，無非是要救我們的中國。中國為甚麼要救呢？諸君想都很明白，自從滿清進入中國來做皇帝，我們漢人便做了滿人的奴隸，一切幸福度被他們剝削淨盡，生殺予奪，都操在他們手裡，他們為刀俎，我們為魚肉；最殘酷者，像嘉定三屠、揚州十日，實為恆古未有的浩劫。至一般知識階級，偶然有因文章觸犯當局之怒，便可以不分青紅皂白立刻置之死地，像戴名世等文字獄，不但個人要被斬頭，還要抄家滅族。……這種慘禍及暴民虐政，真是舉不勝舉。又如諸君身為海外僑民，闢草萊、披荊

---

[1] 見楊漢翔編《檳城閱書報社廿四週年紀念特刊》，頁141-142。轉錄自顏清湟著、李恩涵譯《星馬華人與辛亥革命・附錄二》，台北：聯經出版事業股份公司，1982年，頁431-433。

棘，蓽路藍縷，不避辛苦，自謀生計，自求發展，滿清政府不但無力保護，且懸為厲禁，不準人民出國，違者處以死刑。這種苛例，直至最近數十年方才無形取消。諸君想到該禁令未取消以前，恍若無國之人，有家又歸不得，怎能不感覺著切膚之痛呢！

滿清政府對於我們漢人，既是這樣壓迫，這樣的強暴，但是對於外國人，卻是懦弱無能，非常的柔順，事事不能自立，總是受外國的箝制。尤其是鴉片戰爭以後，國勢日蹙，國本動搖，土地淪為異族者，幾達三分之一，如英國之割香港、據緬甸、哲孟雄、巴達克山、阿富汗、拉達克；俄國之割黑龍江東北沿邊地、吉林遼東沿邊地，佔烏梁海與科布多沿邊地及布哈爾、浩罕、哈薩克、布魯特、新疆西北沿邊諸地；日本的割臺灣及澎湖諸島、滅朝鮮、併琉球；法國的割安南、葡萄牙的佔澳門，與帕拉米爾頓被迫與英、俄而放棄，庫頁島的先後淪入俄、日之手，暹羅、蘇祿的脫藩獨立等。受兵力脅迫而償外人之款者，如江寧條約賠款二千一百萬兩，北京條約賠款一千六百萬兩，伊犁條約賠款九百萬盧布，中日（臺灣）和約賠款五十萬兩，芝罘條約賠款二十萬兩，馬關條約賠款二萬萬兩，還付遼東條約三千萬兩，而辛丑條約賠款四萬萬五千萬兩，統計幾達十餘萬萬兩。其餘如德國的租膠州灣，俄國的租旅順、大連灣，英國的租九龍，威海衛，法國的租廣州灣；軍港要害，可以隨便任人強行租去，關稅不能自主，總稅務司要歸英人充任。列強憑藉不平等條約，得在中國內地設立工廠，利用賤價的工值與原料，以牟取厚利；外國銀行在中國

因藉賠款與外債的關係，所（索？）得擔保收入的管理權，如關稅、鹽稅等。一國的經濟權，可以任人操縱。又外國人在中國有領事裁判權、內河航行權、鐵路敷設權等；既可以限制我國的司法，又可以管理我國的交通，滿清政府像這樣的喪權辱國，真是不一而足。

諸君，中國到今日已經是處於危險的地位，隨時可以遭外國瓜分的慘禍；而滿人還只是伈伈睍睍地，總是受各國人的束縛，做了英國、法國、美國、俄國和日本那些強國的奴隸；而對我們漢人，則凌辱虐待，無微不至，使我們漢人來做他們的奴隸；這樣不是變成奴隸中的奴隸嗎！

諸君，我們現在已經陷入「雙重奴隸」的田地了。我們應該趕快湔洗這個恥辱，以免除亡國滅種的痛苦。我們革命黨的行動，就是要謀中國的自由平等。要謀中國的自由平等，第一步我們要先實行民族革命，來替漢人湔除這「雙重奴隸」的恥辱。我們三民主義中的民族主義，就是要使中國人和外國人平等，不做外國人的奴隸。我們現在要脫離奴隸的地位，就應該起來趕掉從外國來的滿人，推翻滿清二百多年來的專制統治，恢復我漢室的山河，再把國家變強盛；那時自然可以和外國講平等了。

僑胞諸君：我們要救中國，便要實行革命，先把滿清推倒；因為滿清是我們革命的障礙物，滿清不倒，中國終不得救。

## 二、民國前四年（1908）孫中山在檳城小蘭亭俱樂部演說辭——「滿清不倒，中國勢必再亡」[2]

　　兄弟這回到檳城，蒙諸君的歡迎，很是感謝。兄弟今天所要掬誠為諸君告者，中國亡於韃虜已二百多年，我們漢人過了二百多年國奴生活，生命任滿虜的摧殘，財產任滿虜的剝削，弄到民困財盡，顛沛流離，淪於萬劫不復的境地。舉凡滿虜的舉措，無一不為民害，親貴弄政，舞弊私營，官場黑暗，慘無天日。他們所挾持以為殘民之具者，為強權，為暴力，剝民之膚以為表，吮民之血以為食，簡直把四萬萬的民眾，當似他們的鼎俎中物。在這種高壓政策之下，誰也是忍氣吞聲，敢怒不敢言。滿虜既知民怨之沸騰，更不惜與民為敵，壓迫加甚，居今日而為中國人，生命曾螻蟻之不若，一舉手，一投手，動則必罹刑網，輾轉呻吟，毫無生人樂趣。於是有甘受壓迫，略加反抗者，則立派大隊進剿，清鄉洗村，無論婦孺老弱，殺戮迨遍。然此等暴行，不但不足以已亂，而且適足以長亂。滿虜未嘗不知之。最近鑒於民怨已深，民心已去，因兼用陰柔政策，以濟強硬政策之不及，乃倡君民合治之說，以假立憲相號召；而實則欲以憲法鞏固君權，美其名曰君主立憲，以瞞天下人之耳目，則凡種種專制罪惡，都可以假

---

[2] 見楊漢翔編《檳城閱書報社廿四週年紀念特刊》，頁141-142。轉錄自顏清湟著、李恩涵譯《星馬華人與辛亥革命‧附錄三》，台北：聯經出版事業股份公司，1982年，頁434-435。

手於憲法以行之。他們既有所恃而無恐，則暴戾恣睢，變本加厲，越法肆無忌憚，為所欲為，勢必至不弄到我漢無噍類不止。其居心叵測，我們不能洞見。這些只就內治方面的專橫，約略言之，已經足夠我們痛心疾首的。

　　再看滿虜外交方面的失敗，更是令人髮指眥裂。滿廷以少數人入主中國，素抱閉關主義，亟亟於嚴禁國民出國與防止外人入境。乃自西力東侵以來，中國不得不捲入國際漩渦。滿虜既不能獨立自強，又沒有外交上的準備，一遇對外交涉，便覺圖窮匕見，失敗自是意中事。故道光時有鴉片之役，咸豐時有英法聯軍之役，最近又有甲午之役，庚子之役，……沒有一次不是失敗；以致領土被佔，藩屬盡撤。然此因戰敗關係，迫於城下之盟，還可以說得去。至於列強不費一兵一彈，只要一紙公文的照會與要求，而滿虜則柔順恭謹，唯命是聽，舉國防要地的大好軍港，拱手而讓之外人；這不是滿虜的喪心病狂，又何致貽外交上以莫大的奇辱呢！列強既鑒於滿虜的積弱，與其懼外媚外的心理，為求進一步的施行侵略起見，於是更劃定勢力範圍於各省，充其極必至於瓜分中國而後止。而滿虜猶昧焉不察，偷息苟安，揣其意似以為中國的土地人民財產，都是得諸漢人，而非其私有，雖盡數以轉贈外人，也於滿虜自身無所損失，「寧增友邦，毋與家奴」，滿虜居心的狠毒與荒謬，當為天下人所共見。

　　諸君身為漢人，對此賣國賣民、罪惡滔天的滿虜，難道眼巴巴地看著他們把祖宗遺留下來的土地，送歸外國的版圖；把四萬萬的炎黃裔胄，淪為他人的奴隸不成？故為今之

計，在這創鉅痛深，積重難返的局面，我全體漢人，惟有抱著革命的決心，發憤為雄，驅逐韃虜，光復舊物，挽回已失去的主權，建設獨立的基礎，才可救中國。否則，二百六十年來亡於滿清，勢必由滿清之手，轉而亡於外人。到那時，我們漢人所受於滿清的種種壓迫，必再一一受於外人，則亡國奴生活的慘痛，或更有十百倍於今日者，那就非兄弟所忍言的了。

## 三、民國前二年（1910）冬孫中山在檳城對革命同志演說辭（節錄）──「革命須有勇氣與方法」[3]

現在因新軍之失敗，一般清吏，自以吾黨必不敢輕於再試，可以高枕無憂，防禦必疏。至新軍之失敗，雖屬不幸，然因此影響於軍界最鉅。吾黨同志，果能鼓其勇氣，乘此良機，重謀大舉，則克復廣州，易於反掌。廣州已得，吾黨既有此絕好之根據地，以後發展，不難着着進行矣。且此次再舉，亦遠非前次歷次之失敗可比。因曩者多未有充分之籌備，每於倉促起事所致；今既有先事之計劃，當然較有把握，可操勝算。但吾同志疑慮莫決者，乃在於餉械之無著。不知因吾黨歷次之興義，與海外各埠同志竭力之宣傳，革命精神，早已瀰漫南洋群島中，只怕吾人無勇氣，無方法，以避免居留政府之干涉，以

---

[3] 見張其昀編《國父全書》，民國五十五年，台北，頁482。轉錄自顏清湟著、李恩涵譯《星馬華人與辛亥革命‧附錄四》，台北：聯經出版事業股份公司，1982年，頁436。

致貽誤事機。今吾人則以「教捐」、「義捐」之名目出之，可
保無虞也。

## 四、民國前二年（1910）冬孫中山在檳城對革命同志演說辭──「同志當共負革命救國之責任」[4]

　　余每次會晤同志諸君，別無他故，則以勸同志捐錢為
事。諸同志雖始終熱心黨務，竭力襄助，或不以余為多事；第
余以吾黨屢齊屢蹶，深不自安，故對諸同志甚覺抱歉。惟念
際此列強積極侵略同滿廷昏庸之秋，苟不及早圖之，將恐國
亡無日，時機之急迫，大有朝不保夕之概。且吾黨春初廣州新
軍之失敗，雖屬不幸之事，然革命種子早已藉此而佈滿南北軍
界。因新軍中不乏深明世界潮流之同志，業極端贊成吾黨之主
義。在今日表面上視之，固為滿廷之軍隊，若於實際察之，誠
無異吾黨之勁旅，一待時機成熟，當然倒戈相向，而為吾黨效
力。是以諸同志咸認為絕好良機，光復大業，在此一舉，固
將盡傾吾黨人才物力以赴之也。此適間所云，每晤同志諸君
則以勸捐為事；雖余極亦不願對同志諸君每有斯求。但念此
等責任，除我明達之同志外，又將向誰人求之；是以雖欲避
免，實不可得。國內同志捐命，共肩救國之責任是也。總而言
之，捐款之義務，諸同志責無旁貸。此應請諸君同志原諒余之

---

4 見張其昀編《國父全書》，民國五十五年，台北，頁482-483。轉錄自顏清湟
　著、李恩涵譯《星馬華人與辛亥革命・附錄五》，台北：聯經出版事業股份公
　司，1982年，頁437-438。

苦衷，仍當踴躍輸將，以助成此最後之一著者也。設天不祚
漢，吾黨此舉復遭失敗，則余當無下次再擾諸同志，再向諸同
志捐錢矣。倘或仍能生存，亦無面目見江東父老矣。是則此後
之未竟革命事業，亦惟有賴之同志諸君一肩擔起矣。總之，吾
黨無論如何險阻，破釜沉舟，成敗利鈍，實在此一舉，而余言
亦盡於此。

# 附錄四　汪精衛在檳榔嶼的
兩次演說辭

## 一、民國前（1908）在檳城三山公所演說辭——「閩僑尤應熱忱贊助革命」[1]

今日足履貴俱樂部，給我增加無窮的興奮，興起無窮的感想。因為貴俱樂部是福建僑胞所組織的，於是令我想起福建的革命歷史來。當滿兵入關以後，我國義士，共抱恢復故國思想，興兵與清師抵抗着，大不乏人；惟貴省鄭成功的歷史尤為轟烈。鄭成功據金廈二島，抗清廷全師，後且開辦臺灣，為中國開疆闢土，其功尤不可沒，這段貴省的革命史蹟願貴僑胞不要忘記。鄭氏雖然以死，但貴省僑辦應當繼續鄭氏的精神，起來贊助革命，推翻清廷，恢復我們故國的山河，重為貴省增光。

且來南洋的以閩、粵二省之人為多。諸君應知貴省祖宗南來的原因，便為鄭氏被清廷滅亡以後，貴省先烈不願屈膝事仇，作清朝的奴隸，才相率來海外作大明的遺民。祖宗當先

---

[1] 迻錄自轉錄自顏清湟著、李恩涵譯《星馬華人與辛亥革命·附錄六》，台北：聯經出版事業股份公司，1982年，頁439。華按：原刊：楊漢翔編《檳城閱書報社廿四週年紀念特刊》，頁148。

如此義烈，今日他的子孫，豈可數典忘祖，把祖宗的深仇大恨
拋之腦後呢？今日革命運動，就是為雪祖宗的仇恨，恢復國
土，我閩僑尤當熱忱奮發，贊助革命事業之早達目的，才得以
慰祖宗之靈於九泉之下啊！

## 二、民國前三年（1909）在檳城小蘭亭俱樂部演說辭
### ──「欲振興中國商業非革命不可」[2]

　　列位僑胞，兄弟以鼓吹革命，歷次向諸君作革命演講，
想諸君亦覺得討厭；因為諸君都是商人，在商言商，一向對於
國家政治，完全不過問的，這是我國商人普遍的心理。今日所
以特選了這個題目，「振興中國商業非革命不可」的題目，來
和諸君談談切身的問題。也許諸君聽了能夠感覺商業與國家關
係的重要，起來注意政治，起來參加革命！

　　現在世界是重商主義的世界，各國對於商業，都重視為
發展國家政治經濟勢力的先鋒，用國家的政治力量，來保護扶
助它發展。諸君身處外洋，耳目所及，當然明白他國政府對於
商業的提倡和保護是怎麼樣的著力了。

　　我國地大物博，礦藏豐富，農產繁殖，有這樣絕好富源
憑藉，如果政府能夠注意，盡力提倡振興實業，加以我國民族
性的耐勞及善於經營的能力，就和外國競爭，真是「莫之與

---

[2] 迻錄自轉錄自顏清湟著、李恩涵譯《星馬華人與辛亥革命・附錄七》，台北：聯
經出版事業股份公司，1982年，頁440-441。華按：原刊：楊漢翔編《檳城閱書
報社廿四週年紀念特刊》，頁147。

京」了。

就像列位華僑，在海外經商，無國家的保護力，孤單奮鬥能夠展佈勢力，握南洋經濟牛耳，受世界人士的讚譽，豈不是一個絕好的榜樣嗎？

但是回顧我國商業現狀怎樣的！言之只有搖頭太息，可用「一蹶不振」「江河日下」二語來概括之罷了。

這種原因並不是我們人民沒有經營力，也不是我國民貧土瘠，完全要歸咎到政府的不善。

現今的政府，滿清政府，它只會向商民身上敲剝搜括，關稅釐卡，架床疊屋對苛徵暴斂；商人有限的膏血，哪能不乾涸窮竭；而政府卻把這大批商人剝來的金錢，用在大興土木，營造宮室，作一己之娛樂晏安，而全不顧及國計民生，這樣哪又不國窮民貧。

這是政府對於商業既不提倡，又不能保護，而反加以摧殘的罪惡。

因為國民黨財力既形窮竭，而本國又無實業工廠，只好農業作品賤價出售；而外人使用賤價來收買這些農產原料，運回本國，加以製造，變成商品再運來中國市場銷售。中國手工業的製造品，貨既粗劣，費又昂重，不能與外國機器製造品抗衡，於是外貨便佔奪了中國市場，從此攫去大宗利權，遂使中國原有商業，都變成外商二盤的販賣場。一方面影響著農村手工業的破產，增加失業人數，而每年漏卮，也不計其數，日陷因窮境地。這樣不特中國商業，根本消滅，亡國滅種，也是在此關頭。

所以希望振興中國商業，只有推翻滿清政府，改良政治，而要實現這個目標，便非革命不可。

# 附錄五　慷慨資助革命事業的
# 革命先烈與其商號[1]

　　摯友張少寬兄嘗自林博愛主編的《南洋名人集傳》第一集中，整理出曾為孫中山所領導的中國革命事業長期踴躍輸將的馬來亞僑民革命先烈，暨他們所經營的商號。

　　從中，不難看出「他們都算不上是大富商，充其量僅能說是中等的資產階級」（黃賢強語），卻不惜「毀家紓難」，因長期捐助革命而負債累累，致使事業停頓。轉錄於此作為〈附錄四〉，好讓後人對先賢們光風霽月的襟懷與碩行，知所景仰。

(一)「得昌號」，為黃金慶父親在檳城所開創，經營錫礦業。
　　祖籍福建同安、出生於檳榔嶼的黃氏，在其父親去世後繼承父業，並將之發揚光大。後來，「得昌號」店址曾作為檳城革命黨機關所在地。烈士溫生才擬動身前往北京刺殺攝政王，因欠缺川資，得怡保革命領袖函介，往見黃金慶於「得昌號」，獲得黃氏等人資助始克成行，完成其轟轟烈烈不朽革命事業。[2]

---

[1] 轉錄及整理自張少寬著《孫中山與庇能會議：策動廣州三、二九之役》，檳城：南洋田野研究室出版，2004年，149-151。
[2] 林博愛主編《南洋名人集傳》第一集，頁8。

(二)「恒茂號」，為林文琴父親及兄長於檳城所創立，經營布匹生意及樹膠諸土產等。每年的經營額，以千萬元計。其父去世後，奉兄長命從鄉下前來檳城學習經商，時林文琴年方弱冠。林氏祖籍福建海澄吾貫鄉，1916年逝世；妻丘氏，育有四子。他是檳城最早成立的現代化華文小學——「同善學堂」的創辦人之一，又與林博愛、溫文旦共同發起「同文藏書樓」。[3]

(三)「慶裕香廈郊」（檳城），東主魏阮生，祖籍福建海澄。他年少南來檳榔嶼，先在某商號擔任書記，勤儉成家，後開創「慶裕香廈郊」，獲利甚豐。他於辛亥前後，捐助革命經費不少。據說在其「慶裕香廈郊」店屋樓上，經常聚集多名革命黨人，等候接聽電話。1917年，新加坡、檳榔嶼等地的饑民因白米貴賣而爆發動亂，英殖民政府懷疑是《國民》及《光華》兩家報紙所煽動，乃逮捕魏阮生入獄一夜，同時亦逮捕呂毓甫、傅炎峰。最後，勒令彼等拍照、蓋指模後將他們釋放。[4]

(四)「興美」、「全美」碩莪廠（檳城爪夷）、「成美棧」、「協美號」（經營樹膠業於霹靂江沙及巴東寧雅）、「振興公司」（江沙），東主為吳春成，諱全良，字玉書，一字成春，祖籍福建南安錦川鄉。[5]

---

[3] 林博愛主編《南洋名人集傳》第一集，頁13。
[4] 林博愛主編《南洋名人集傳》第一集，頁16。
[5] 林博愛主編《南洋名人集傳》第一集，頁20。

(五)「新源號」（吉打），經營布匹。東主李友朋，祖籍福建海澄嶺上鄉，自幼南來吉打謀生。曾擔任該埠福建會館會長十餘年。育有子四人。[6]

(六)「瑞福號」（檳城），乃吳世榮先人所手創。吳世榮是檳榔嶼同盟會分會發起人之一。南洋同志，尊稱他為黨魁。[7]

(七)「吉昌號」油索行（檳城），東主邱明昶，祖籍福建海澄三都新安鄉。他壯年南來檳榔嶼出任某商號書記，數年後自營「吉昌號」油索行。[8]

(八)「競競圖書局」（檳城），東主徐洋溢，祖籍福建海澄。他冠年南來檳榔嶼謀生，十年後乃開張「競競圖書局」。革命、保皇二派，當年常在報端著文筆戰，徐氏為革命派健將，每逢筆戰一經打開歷時數月，致令對方知難而退；於此可見徐洋溢之文學修養。[9]

(九)「金振美」（吉打），東主為傅榮華。[10]

---

[6] 林博愛主編《南洋名人集傳》第一集，頁25。
[7] 林博愛主編《南洋名人集傳》第一集，頁37。
[8] 林博愛主編《南洋名人集傳》第一集，頁41。
[9] 林博愛主編《南洋名人集傳》第一集，頁43。
[10] 林博愛主編《南洋名人集傳》第一集，頁48。

# 附錄六　丘樹宏主創《孫中山（組歌）──獻給偉大的辛亥革命100週年》歌詞全文[1]

## 第一章　翠亨村

翠亨村位於中國南海之濱、珠江西岸五桂山腳下，自公元1866年11月12日，一個乳名帝像的男孩在這裡呱呱落地之後，就注定了這個小山村與中國、與世界將發生重大的關係。

珠江長，
南海遠，
江海波浪翻；
潮漲潮落鹹淡水，
滄桑說千年。

桂山下，

---

[1] 轉錄自馬來西亞紀念辛亥百年活動系列籌委會編印《紀念辛亥革命100週年1911-2011：百年回首、承先啟後》紀念特刊，2011年，頁86-88。特此向作者丘樹宏先生致崇高謝意。又，本組歌主創人丘先生生平簡介，見本書〈後記〉註196。

蘭溪畔，
山河綠如藍；
春來秋去翠亨村，
走出一個人。

悠悠鹹淡水，
滄海變桑田；
走出一個人，
點亮一片天。

## 第二章　敢為天下先

《老子‧第六十七章》中說：「我有三寶，持而保之。
一曰慈，二曰儉，三曰不敢為天下先」。孫中山先生反其道
而行，第一個提出要開天下萬物之先河，做他人未曾做過的
事，從此，「敢為天下先」成為中華民族一種寶貴精神。

平生都有這種膽量，
破迷信、砸神壇，
為了百姓覺醒，
敢為天下先。

平生都有這種抱負，
捨頭顱、歷風險，

為了民族解放，

敢為天下先。


平生都有這種理想，

倒帝制、建共和，

為了人民民主，

敢為天下先。


平生都有這種精神，

謀方略、賦詩篇，

為了國家富強，

敢為天下先。


## 第三章　三民主義

三民主義是孫中山所倡導的民主革命綱領。由民族主義、民權主義和民生主義構成，簡稱「三民主義」，是中國國民黨信奉的基本綱領，是中國最早的有完整體系的治國經世思想，它是中國人民的寶貴精神遺產。


第一次，有一雙明亮的眼睛，

從地球的那一邊回望千年古國；

蔚藍的海洋浩浩蕩蕩，

遙遠的山河破碎蹉跎。

你說，望聞問切藥方，
已經喚不醒沉睡的獅子，
救不了中國龍的久病沉痾。

第一次，有道強烈的曙光，
從翻滾的黑雲中燃燒突圍噴薄；
浩渺的天空風雷激蕩，
蒼茫的大地義起烽火。
從此，民族民權民生，
高高飄揚起鮮艷的旗幟，
開創了共和國的宣言戰歌。

## 第四章　建國方略

　　孫中山先生於1917至1920年間所著的《建國方略》包括
《孫文學說》、《實業計劃》、《民權初步》三部，是從政
治、經濟、社會、文化建設等全方位闡述中華民族的強國理想
和發展計劃的體大著作，此舉乃古今中外偉大人物之唯一。

　　一雙鐵鞋走遍大江南北，
從南海，到北疆，
大地高原描摹著一條條鐵路，
江灣海濱描摹著一個個海港。

一雙慧眼看遍古今中外，

察國情，學西方，

從東到西謀劃出遠大的方略，

從南到北謀劃出宏偉的大綱。


一顆雄心裝滿東方神州，

盼民富，盼國強，

嘔心瀝血寫就了美好的追求，

披肝瀝膽寫就了無限的祈望。


## 第五章　博愛

　　「博愛」二字出自《無量壽經》上的「尊聖敬善，仁慈博愛」。唐朝韓愈《原道》也有「博愛之為仁」之說。孫中山先生經常寫這兩個字送人，「博愛」是孫中山先生一生極好的概括和寫照。


緊握著你的雙手，

握著的都是博愛；

望著你的雙眼，

望著的都是博愛。


你想得最多的是博愛，

你說得最多的是博愛，

你寫得最多的是博愛，
你做得最多的是博愛。

博愛是你最高尚的性格，
博愛是你最無私的情懷，
博愛是你一生踐行的理想，
博愛是你一生追求的未來。

## 第六章　天下為公

　　古人在《禮記·禮運》中說：「大道之行也，天下為公。」其原意是天下是公眾的，天子之位，傳賢而不傳子，後來成為一種美好社會的政治理想；再後來，對「天下為公」這四個字，因孫中山先生的畢生追求和推崇而家喻戶曉。

一生走著顛沛流離，
一心想著勞苦大眾；
徬徨中你是希望，
孤獨裡你是弟兄；
坎坷中你是力量，
寒冷裡你是火種。
大道之行，
天下為公。

一生身處艱難險阻，

一心為著人類共榮；

言語中你是真理，

行動裡你是洪鐘；

黑暗中你是陽光，

亂世裡你是英雄；

大道之行，

天下為公。


古人未竟的理想，

凝練成世界之風——

天下大同，

天下為公！


## 第七章　中山路

　　全世界最多的道路是「中山路」；據統計，全球與孫中山有關的道路有360多條，其中「中山路」或「中山大道」就有180多條。

　　好多好多的一條路啊，

　　有多少城市，

　　就有多少你；

　　有多少你，

就有多少城市。
你是城市的血脈喲，
你是中國的記憶。

好難好難的一條路啊，
見證了滄桑，
走過了風雨；
每走一步，
都是一部歷史。
你是城市的家譜喲，
你是中國的奇蹟。

好長好長的一條路啊，
連接著未來，
連接著過去；
每走一段，
都走向新天地。
你是城市的追求喲，
你是中國的意志。

好美好美的一條路啊，
金子般燦爛，
鮮花般艷麗；
如月皓潔，

好像一輪紅日；

你是城市的驕傲喲，

你是中國的希冀。

## 第八章　中國魂

孫中山以他偉大的思想、偉大的實踐、偉大的成就、偉大的人格以及他偉大的人民性、人類性，成為全世界公認度最高、最受人們愛戴和景仰的偉人之一。

有一種精神，

托出了一縷破曉的曙光；

屢敗屢戰，愈挫愈勇，

一次次起義凝聚成百折不撓的力量。

有一種人格，

喚醒了一個沈睡的民族；

光明磊落，平等博愛，

崇高的德行凝聚成照亮天地的明珠。

有一種理想，

凝聚成穿透黑暗的光芒；

振興中華，三民主義，

艱難對奮鬥推翻了封建腐朽的帝王。

有一種主義，

凝聚成普世價值的藍圖；

走向共和，天下為公，

偉大的預言開闢了一條未來的道路。

## 第九章　世界潮流

（原作按：大型史詩電視連續劇《辛亥革命》主題歌，
唐國強總導演、奧斯卡音樂獎獲得者蘇聰曲、廖昌永演唱）

「世界潮流，浩浩蕩蕩，順之者昌，逆之則亡」。這是偉
大的政治詩句，是偉大的歷史總結，更是偉大的人類預言。

世界潮流，

浩浩蕩蕩，

順之者昌，

逆之則亡。

一聲聲驚世諍言橫空出世，

一串串落地霹靂轟天炸響；

曾經多少腥風血雨人間屈辱，

英雄豪傑生命鋪就唱歌悲壯；

亦時間千年帝制大廈坍塌，

偉大的國家走向共和日出東方。

世界潮流，

浩浩蕩蕩，

順之者昌，

逆之則亡。

一聲聲盛世危言如雷貫耳，

一句句英明預見鋪滿曙光；

曾經多少山重水复艱難坎坷，

仁人志士熱血染紅華夏理想；

新中國龍的身影高高站起，

鮮艷的民主富強旗幟漫天飄揚。

# 參考資料

## 英文部分

1. C. F. Yong and R. B. McKenna, The Kuomintang Movement in British Malaya, 1912-1949. Singapore: Singapore University Press, 1990.
2. City Council of Georgetown, Penang Past and Present, 1966.
3. Yen Ching Hwang, The Overseas Chinese and The 1911 Revolution: With Special Reference to Singapore and Malaya. Kuala Lumpur: Oxford University Press, 1976.

## 中文部分

### 一、論文

1. 林家有《辛亥革命與百年中國的社會變遷‧緒論》，廣州市：廣東人民出版社，2013年。
2. 黃賢強〈孫中山在檳城的革命團體及其互動模式〉、〈同德書報社與孫中山精神在新加坡的傳承〉，黃賢強著《跨域史學：近代中國與南洋華人研究的新視野》一書中，廈門：廈門大學出版社，2008年。
3. 黃賢強〈孫中山與辛亥革命——南洋革命運動的歷史脈絡（1900-1925）〉，黃賢強、陳丁輝、潘宣輝主編《孫中山和革命志士：歷史、記憶與反思》，晚晴園（孫中山南洋紀念館）、新加坡國立大學中文系出版，2012年。

4. 白中琤〈孫中山形象之變遷〉，黃賢強、陳丁輝、潘宣輝主編《孫中山和革命志士：歷史、記憶與反思》，晚晴園——孫中山南洋紀念館、新加坡國立大學中文系出版，2012年。

5. 桑兵〈同盟會成立前孫中山與留日學界〉，桑兵著《清末新知識界的社團與活動》第十章，北京：生活・讀書・新知三聯書店，1995年。

6. 〈國民萬歲，以民為尊〉（國民黨榮譽主席連戰出席中國同盟會新加坡分會100週年紀念慶祝活動演講全文），廖建裕主編《再讀同盟會、孫中山與東南亞華人》，新加坡：華裔館，2006年。

7. 張曉威〈孫中山與檳榔嶼僑社〉，湯熙勇、顏妙幸編《孫中山與海外華人論文集》，台北：國立國父紀念館及中華民國海外華人研究學會，2010年。

8. 馮自由〈新加坡圖南日報〉，《革命逸史》初集，台北：商務印書館，1965年。

9. 馮自由〈中和堂小史〉，《革命逸史》第三集，台北：商務印書館，1965年。

10. 陳良〈正原總墳與辛亥革命〉，邱克威、徐威雄主編《學文3》，2013年4月，頁50-51。

11. 趙雨樂〈從起義到革命：論孫中山與地域社黨的磨合關係〉，趙雨樂著《國家建構與地域關懷：近現代中國知識人的文化視野》，香港中華書局，2013年。

12. 張克宏〈庚子新加坡「刺康案」始末〉，張克宏著《亡命天南的歲月：康有為在新馬》第五章，吉隆坡：華社研究中心，2006年。

13. 張少寬〈黃金慶致胡子春的一封信〉，張少寬著《檳榔嶼叢談》，檳城：田野研究室，2005年。

14. 劉崇漢〈孫中山與馬來亞（1900-1911）〉，馬來西亞紀念辛亥百年活動系列籌委會編印《紀念辛亥革命100週年1911-2011：百年回首、承先啟後》，2011年，頁34-42。

15. 胡興榮〈孫中山對馬來半島的影響與本土研究〉，安煥然等主編《孫中山與柔佛》，南方學院、新山華族歷史文物館出版，2012年。

16. 無註明撰稿人〈《光華日報》創刊史〉，《光華日報：輝煌100（1910-2010）》，檳城：光華日報出版，2010年。

17. 林博愛編《南洋名人集傳‧薛木本》第一集，1923年。

18. 顏清湟〈華人歷史變革（1403-1941）〉，林水檺等主編《馬來西亞華人史新編》第一冊，吉隆坡：馬來西亞中華大會堂總會，1998年。

19. 吳雲龍〈鬥爭尚未結束：檳城黨派勢力之爭與僑選議員（1912）〉，《亞洲文化》第34期（2010年6月），頁131-132。

20. 張應龍〈百年回眸：馬來（西）亞華人政治史之變遷〉，何國忠編《百年回眸：馬華社會與政治》，吉隆坡：華社研究中心，2005年。

21. 潘漢唐演講、蘇熙整理：〈辛亥革命洪流中的台港澳〉，刊《明報月刊》2011年5月號，頁100-104。

22. 朱魯大〈孫中山與杜南——紀念孫中山誕生120週年〉，《杜南先生哀思錄》再版附錄四，吉隆坡杜至昌自印，無註明頁數，1992年。

23. 鄺國祥〈鍾樂臣先生的生平〉，鄺國祥著《檳城散記》新加坡：星洲世界書局有限公司印行，1958年。

24. 〈陳占梅小傳〉，《杜南先生哀思錄》〈附錄：發起追悼杜南先生之陳占梅先生小傳〉，吉隆坡：杜志昌自印，1993年再版。

25. 聞少華〈與陳璧君的結合〉，聞少華著《從烈士到漢奸——汪精衛傳》，香港：中華書局，2013年再版。

26. 桑兵〈辛亥革命研究的整體性〉，麥勁生、李金強編著《共和維新：辛亥革命百年紀念論文集》，九龍：香港城市大學出版社，2013年。

27. 黃堅立〈儀式與潛流——南洋的辛亥革命紀念（1925-1941）〉，黃賢強、陳丁輝、潘宣輝主編《孫中山和革命志士：歷史、記憶與反思》，晚晴園（孫中山南洋紀念館）與新加坡國立大學中文系聯合出版，2012年。

28. 陳是呈〈孫中山精神在檳城的傳承：以檳城閱書報社、鐘靈學校紀念活動和《光華日報》報導評述為中心（1927-1940）〉，《亞太研究論壇》第57期（2012年9月），頁135-164。

29. 林玉裳〈檳城孫中山史蹟巡禮〉，《香港文學》第347期（2013年11月號），頁12-14。

30. 陳愛梅〈英屬馬來亞華人二戰前社會運動史類型——以霹靂州為例〉，《南洋問題研究》2014年第3期（總第159期），頁61-71。

31. 陳愛梅〈二戰前華人政治參與模式——以霹靂州之鄭螺生、許武安、鄭太平和梁燊南為例〉，《馬來西亞華人研究學刊》第16期，2013年，頁105-128。

32. 黃城〈孫中山先生與陳粹芬女士的幾個關連之初步檢證——對蘇恩待先生談話的商榷〉，黃賢強、陳丁輝、潘宣輝主編《孫中山和革命志士：歷史、記憶與反思》，晚晴園——孫中山南洋紀念館、新加坡國立大學中文系出版，2012年，頁115-128。

33. 顏清湟〈新加坡與新馬華人（1900-1911）〉，顏清湟著《從歷史角度看海外華人社會變革》，新加坡：青年書局，2006年，頁243-266。

34. 孫中山〈同志共負革命救國之責任〉，張其昀編《國父全書》，台北：國防研究院，1966年，頁482-483。

35. 李恩涵〈南洋方面研究孫中山先生的史料與史學〉，顏清湟著、李恩涵中譯《星、馬華人與辛亥革命‧附錄八》，台北市：聯經出版事業公司，1982年，頁442-45。

36. 李金生〈同盟會、孫中山與東南亞華人（1906-1912）：研究資料選目〉，廖建裕主編《再讀同盟會、孫中山與東南亞華人》，新加坡：華裔館，2006年，頁223-248。

37. 安煥然〈孫中山革命的普世精神與在地思考〉，馬來西亞紀念辛亥百年活動系列籌委會編印《紀念辛亥革命100週年1911-2011：百年回首、承先啟後》，2011年，頁74-76。

38. 陳新政〈華僑革命史〉（民國十年（1921）在檳城閱書報社講稿），附錄於張少寬著《孫中山與庇能會議：策動廣州329之役》，檳城：南洋田野研究室，2004年，頁201-237。

39. 李亦園於〈華僑與國民革命研究的新觀點〉，張希哲、陳三井主編《華僑與孫中山領導的國民革命學術研討會論文集》，台北：國史館，1996年。

40. 陳劍虹〈辛亥革命前夕革命黨人在檳城的言論分析〉，馬來西亞紀念辛亥百年活動系列籌委會編印《紀念辛亥革命100週年1911-2011：百年回首、承先啟後》，2011年，頁49-55。

## 二、書目

1.　安煥然等主編《孫中山與柔佛》，南方學院、新山華族歷史文物館
　　出版，2012年。

2.　陳錫祺主編《孫中山年譜長編》上冊，北京：中華書局，1991年，
　　頁375。

3.　何國忠編《百年回眸：馬華社會與政治》，吉隆坡：華社研究中
　　心，2005年。

4.　林水檺等主編《馬來西亞華人史新編》第一冊，吉隆坡：馬來西亞
　　中華大會堂總會，1998年。

5.　高偉濃著《二十世紀初康有為保皇會在美國華僑社會中的活動》，
　　北京：學苑出版社，2009年。

6.　鄺國祥著《檳城散記》，新加坡：星洲世界書局有限公司印行，
　　1958年。

7.　劉宏、黃堅立主編《海外華人研究的大視野與新方向：王賡武教授
　　論文選》，新加坡：八方文化企業公司，2002年。

8.　李雲漢著《中國國民黨史述》，台北：中國國民黨文化傳播委員會
　　黨史館，2004年。

9.　黃建淳著《新加坡華僑會黨對辛亥革命影響之研究》「新加坡南洋
　　學會叢書第三十種」，新加坡南洋學會出版，1988年。

10.　黃賢強、陳丁輝、潘宣輝主編《孫中山和革命志士：歷史、記憶與
　　反思》，晚晴園（孫中山南洋紀念館）與新加坡國立大學中文系聯
　　合出版，2012年。

11.　黃賢強、陳丁輝、潘宣輝主編《孫中山和革命志士：理想、實踐與
　　新世紀展望》，晚晴園（孫中山南洋紀念館）與新加坡國立大學中
　　文系聯合出版，2012年。

12.　劉釗伊編著《孫中山在馬、新》，光華日報出版，2013年。

13.　邱思妮著、陳耀宗譯《孫中山在檳榔嶼》，2010年由檳城：Areca
　　Books出版。

14. 書蠹、顧因明、王旦華譯《檳榔嶼開闢史》，臺灣商務印書館，1969年。

15. 香港歷史博物館編制，《孫中山與香港——孫中山紀念館展覽圖錄》2013年增訂版。

16. 桑兵著《清末新知識界的社團與活動》，北京：生活・讀書・新知三聯書店，1995年。

17. 崔貴強編著《東南亞史》，新加坡：聯營出版有限公司，1965年。

18. 林金枝主編《華僑華人與中國革命和建設》，福州：福建人民出版社，1993年。

19. 黃宇和著《三十歲前的孫中山：翠亨、檀島、香港1866-1895》，香港中華書局，2011年。

20. 謝詩堅編著《檳城華人兩百年》，作者自印，2012年。

21. 顏清湟著、李恩涵譯《星馬華人與辛亥革命》，台北：聯經出版事業股份公司，1982年。

22. 姚枏、張禮千合著《檳榔嶼志略》，商務印書館，1946年。

23. 葉苔痕與吳允德合編《檳榔嶼大觀》，檳城：海角出版社，1950年。

24. 楊天石著《帝制的終結》，長沙：岳麓書社，2013年再版。

25. 張禮千著《檳榔嶼志略》，南華出版社，1959年。

26. 章開沅著《演講訪談錄》，華中師範大學出版社，2009年。

27. 張少寬著《孫中山與庇能會議：策動廣州三、二九之役》，檳城：南洋田野研究室出版，2004年。

28. 張少寬著《檳榔嶼叢談》，檳城：田野研究室，2005年。

29. 張克宏著《亡命天南的歲月：康有為在新馬》，吉隆坡：華社研究中心，2006年。

30. 趙雨樂著《國家建構與地域關懷：近現代中國知識人的文化視野》，香港中華書局，2013年。

31. 中國國民黨中央委員會第三組編《中國國民黨在海外》上篇，台北：中國國民黨中央委員會，1961年。

32. 馮自由著《革命逸史》初集，台北：商務印書館，1965年。

33. 吳相湘《孫逸仙先生傳》，台北：遠東圖書公司，1984年。

34. 李志毓著《驚弦——汪精衛的政治生涯》，香港：牛津大學出版社，2014年。

35. 麥勁生、李金強編著《共和維新：辛亥革命百年紀念論文集》，九龍：香港城市大學出版社，2013年。

36. 陳崧傑著《森美蘭州華人史話》，森美蘭中華大會堂暨大將出版社聯合出版，2003年。

37. 古燕秋編著《死生契闊——吉隆坡廣東義山墓碑與圖文輯要》，吉隆坡：華社研究中心，2014年。

38. 張永福著《南洋與創立民國》，上海中華書局，1933年。

39. 聞少華著《從烈士到漢奸——汪精衛傳》，香港：中華書局，2013年再版。

40. 張少寬著《檳榔嶼華人史話》，吉隆坡：燧人氏事業有限公司，2002年。

41. 梁杞盛著《從郵票看孫中山與辛亥革命‧徐錫麟烈士明信片》，香港：作者自印，2011年。

42. 陳丁輝主編《百年晚晴》，新加坡：晚晴園—孫中山南洋紀念館，2012年。

43. 郭輝著《民國前期國家儀式研究（1912-1931）》，北京：社會科學文獻出版社，2013年。

44. 朱宗賢著《怡保城鄉散記》，吉隆坡：燧人氏出版社，2007年。

45. 徐艱奮著《鐵筆春秋：馬來亞〈益群報〉風雲錄》，新加坡：新社出版，2003年。

46. 吳密察監修、遠流臺灣館編著《臺灣史小事典》，台北市：遠流出版公司，2000年。

47. 顏清湟著《從歷史角度看海外華人社會變革》，新加坡：青年書局，2007年。

48. 蔡思行、彭淑敏、區志堅編著《辛亥人物群像》，香港：中華書局，2011年。

49. 唐元鵬著《孫中山》，廣州：廣東教育出版社，2010年。

50. 李金強著《中山先生與港澳》（中山學術文化基金會叢書），台北市：秀威資訊科技股份有限公司，2012年。

51. 丘全政、杜春和選編《辛亥革命史料選輯‧續編》，長沙市：湖南人民出版社，1983年。

52. 張其昀編《國父全書》，台北：國防研究院，1966年。

53. 王雲五主編、蔣永敬編著《民國胡展堂先生漢民年譜》，臺灣：商務印書館，民國六十七年（1978年）。

54. 馮自由著《華僑革命開國史》，中國社會科學院近代史研究所、近代史資料編輯組編《近代史資料專刊：華僑與辛亥革命》頁1-92，北京：中國社會科學出版社，1981年。

55. 霍啟昌著《港澳檔案中的辛亥革命》，香港：商務印書館，2011年。

56. 張希哲、陳三井主編《華僑與孫中山領導的國民革命學術研討會論文集》，台北：國史館，1996年。

Do人物51　PC0544

# 中山先生與檳榔嶼

作　　者／蘇慶華
責任編輯／陳佳怡
圖文排版／周妤靜
封面設計／蔡瑋筠

出版策劃／獨立作家
發 行 人／宋政坤
法律顧問／毛國樑　律師
製作發行／秀威資訊科技股份有限公司
　　　　　地址：114 台北市內湖區瑞光路76巷65號1樓
　　　　　電話：+886-2-2796-3638　傳真：+886-2-2796-1377
　　　　　服務信箱：service@showwe.com.tw
展售門市／國家書店【松江門市】
　　　　　地址：104 台北市中山區松江路209號1樓
　　　　　電話：+886-2-2518-0207　傳真：+886-2-2518-0778
網路訂購／秀威網路書店：https://store.showwe.tw
　　　　　國家網路書店：https://www.govbooks.com.tw

出版日期／2015年11月　BOD一版　定價／240元

|獨立|作家|
Independent Author

寫自己的故事，唱自己的歌

中山先生與檳榔嶼 / 蘇慶華著. -- 一版. -- 臺北
市：獨立作家, 2015.11
　　面；　公分. -- (Do人物 ; 51)
ISBN 978-986-92257-1-7(平裝)

1. 孫中山思想　2. 辛亥革命　3. 華僑史

005.18　　　　　　　　　　　　104019821

國家圖書館出版品預行編目

# 讀 者 回 函 卡

感謝您購買本書，為提升服務品質，請填妥以下資料，將讀者回函卡直接寄
回或傳真本公司，收到您的寶貴意見後，我們會收藏記錄及檢討，謝謝！
如您需要了解本公司最新出版書目、購書優惠或企劃活動，歡迎您上網查詢
或下載相關資料：http:// www.showwe.com.tw

您購買的書名：_____

出生日期：_____年_____月_____日

學歷：□高中 (含) 以下　　□大專　　□研究所 (含) 以上

職業：□製造業　□金融業　□資訊業　□軍警　□傳播業　□自由業
　　　□服務業　□公務員　□教職　　□學生　□家管　　□其它_____

購書地點：□網路書店　□實體書店　□書展　□郵購　□贈閱　□其他

您從何得知本書的消息？

　　□網路書店　　□實體書店　　□網路搜尋　□電子報　□書訊　□雜誌

　　□傳播媒體　□親友推薦　　□網站推薦　□部落格　□其他_____

您對本書的評價：(請填代號　1.非常滿意　2.滿意　3.尚可　4.再改進)

　　封面設計____　版面編排____　內容____　文／譯筆____　價格____

讀完書後您覺得：

　　□很有收穫　□有收穫　□收穫不多　□沒收穫

對我們的建議：_____

_____

_____

_____

11466
台北市內湖區瑞光路 76 巷 65 號 1 樓

## 獨立作家讀者服務部　　　收

.....................................................................

（請沿線對折寄回，謝謝！）

姓　　名：＿＿＿＿＿＿＿＿＿　年齡：＿＿＿＿　性別：□女　□男

郵遞區號：□□□□□

地　　址：＿＿＿＿＿＿＿＿＿＿＿＿＿＿＿＿＿＿＿＿＿＿＿＿

聯絡電話：(日) ＿＿＿＿＿＿＿＿＿　(夜) ＿＿＿＿＿＿＿＿＿＿

E-mail：＿＿＿＿＿＿＿＿＿＿＿＿＿＿＿＿＿＿＿＿＿＿＿＿＿